*for my friend **ulli lommel***

film director

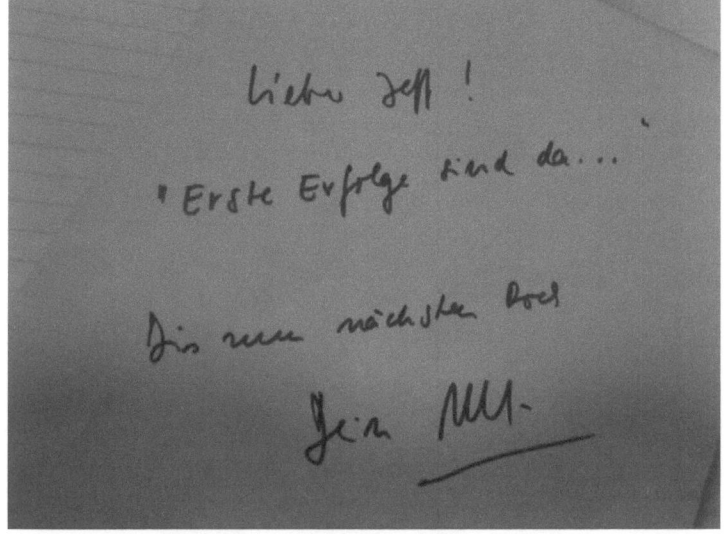

Ulli Lommel *schrieb seinem Freund „Jeff" aus Paris:*

Lieber Jeff!

„Erste Erfolge sind da ..."

Bis zum nächsten Dreh

Dein Ulli

Der Autor: Jeff Parc

… spielte Theater, drehte Filme, entwarf TV-Shows, *schreibt* Bücher und brachte einen Film aus Tasmanien/ Australien mit dem Titel „*Manganinnie*" zum Chicago-Kinderfilmfestival in die USA.

Filmszene: Der Fall Boran – Jeff rechts aufm Boden

Jeff Parc – zwischen Realität und Fantasie

Erzählungen

eines

Filmschauspielers

Wichtige Info: „*Fotos* aus Filmen unterliegen dem Urheberrecht":

Leider bekam ich von *einigen für mich sehr wichtigen* Filmen, in denen ich *mitspielte, k e i n e* schriftliche Erlaubnis der jeweiligen Rechteinhaber: Keine Erlaubnis: Keine Fotos!

Gewisse Filmtitel und Filmregisseure bekamen Pseudonyme.

Ferner spielte ich meine Rollen unter verschiedenen Künstlernamen: Die 2 wichtigen waren *Bernard Rud* in „*Der Fall Boran*" und *Jeff Roden* in „*Zärtlichkeit der Wölfe*".

Impressum

Autor: Jeff Parc
Copyright © 2020
Umschlaggestaltung und Cover: Jeff Parc.

Fotonachweis
„Der Fall Boran": Daniel Zuta Filmprouktion
Fotoarchiv: Jeff Parc/Jeff Roden/Bernard Rud.

„Der Zweite Frühling": ‚Point-Film- und Fernseh-
Produktion GmbH (München)'.

„Zärtlichkeit der Wölfe", Fotoarchiv: Jeff Roden

Freie Fotos (mit Namensnennung).

Fotoarchiv: Jeff Parc/Jeff Roden/Bernard Rud.

Herstellung und Verlag: BoD – Books on Demand,
Norderstedt

ISBN: 978-3-7504-7565-6

Inhaltsverzeichnis

Mein Leben mit Glück, Chaos, Triumph, Realität,
Fantasie und dem „Tod im Film":

Abenteuer pur: Schule, Film und Theater

foto: sebastian voortmann

Ohne das legendäre Schauspieler-Glück geht gar nichts – und mit ihm, so schien es mir oft, ist man den Egotrips vieler im *Showbusiness* ausgeliefert.

Nun aber erst mal dorthin, wo für *Jeff* alles begann:

Es war Sommer, irre heiß und mein Freund Marvin riss mich mit seinem überraschenden Anruf aus einer Art von mitteltiefem Halbschlaf, wobei ich sofort merkte, dass der Junge *unter Strom* stand!

Was er mir dann aber erzählte, war eine kleine Sensation für mich und folgend auch für mein weiteres Leben.

Marvin war mit Freunden an einem See außerhalb der Stadt schwimmen und um Geld zu sparen, marschierten die fünf am späten Nachmittag zurück zu 'ner Straßenbahnhaltestelle, von der die Heimfahrt ihre Geldbeutel nur noch wenig strapazierte.

Die Jungs waren vom Fußballspielen, Schwimmen und Herumtoben entsprechend groggy – außer *Johnny*, der schien etwas weniger angeschlagen, denn er erkannte als Einziger rechts am Weg, etwas nach hinten versetzt, ein unauffälliges, lang gestrecktes Häuschen, auf das der Besitzer notdürftig ein Schild angebracht hatte, auf dem er sich charmant verewigte: „Etiennes Arthouse".

Info: **Arthouse-** und *Programmkinos* spielen vorwiegend Filme außerhalb des Mainstreams.

Kaum hatte Johnny das erkannt, rief er auch schon die Jungs zurück, sodass alle Seite an Seite ihre Nasen an den dicken Kinofenstern platt drückten, um auf den zu bewundernden Filmbildern jedes Detail erkennen zu können.

Es handelte sich hier um einen sogenannten **Film noir**, für den sie sich *bisher* noch nicht so recht interessiert hatten: aber der Titel „*ANGEL FACE*" – Engelsgesicht – kam extrem *cool rüber*.

*Info: **Film noir** – was nichts anderes heißt als **schwarzer Film** – ist eine Art Krimi bzw. Thriller, der sich in der Umgebung von Detektiven, Gangstern und oftmals bezaubernd schönen und geheimnisvollen Frauen abspielt. Liebe und Tod stehen meist im Mittelpunkt vom Film noir.*

Was die Freunde da auf den brillanten Schwarz-Weiß-Fotos sahen, war erst mal ein *sinnlicher* Frauentyp: wobei ihr Gegenüber den Eindruck erweckte, als vertrage er locker mal mehr als ein Dutzend Drinks hintereinander.

Das war Grund genug, um ins lang gezogene Kino hineinzustürmen und Karten nicht nur für sich, sondern auch für ihren Freund *Jeff* zu kaufen.

In diesen zwei Minuten des Kartenkaufs ließ die sympathische Kassiererin sie wissen, dass alle Vorstellungen des *„Engelsgesichts"* bisher ausverkauft waren – und sie auch nur noch wenige Karten für die Mitternachtsvorstellung in zwei Tagen hatte.

Als dann doch noch einer der Jungs fragte, worum genau es denn da ginge, bekam er eine *filmreife* Antwort: ***„Um nichts anderes als um Liebe und Tod"***.

C o o l.

Ich beschäftigte mich mit dem *Film noir* ja schon seit einiger Zeit: Trotzdem bedurfte es dieser *einen* Nacht, in der mich der Kultfilm **Angel Face** mitnahm auf eine 91-

minütige, unglaubliche Reise, die mich wissen ließ, dass es einen *Mann* brauchte, um mit ihrer Art von Liebe umzugehen; aber niemand konnte mit ihrer Art von MORD umgehen!

In diesem späten „Film noir" – einem Drama, gefilmt on location in Beverly Hills, California – ist der Hauptdarsteller dem *engelhaften* Charme von *Diane Tremayne* wehrlos ausgeliefert; und ein weiteres Mal bringt ihm die *Liebe* letztendlich den Tod.

Das klassisch-unglückliche Ende eines „Film noir".

Ich weiß wirklich nicht, ob ich jemals eine Nacht mit derart sich widersprechenden Träumen verbrachte, die mich ununterbrochen durchschüttelten, um mir beim ersten Espresso am Morgen danach zu enthüllen, dass meine finale Rolle als Schauspieler nicht mehr und nicht weniger als eine dieser mich verfolgenden und gleichzeitig faszinierenden Hauptrollen in einem *Film noir* sein sollte.

„*Angel Face*" hatte ihren Geliebten über die Klinge springen lassen und mich damit wissen lassen, dass es fortan **die Liebe und der Tod im Film** *waren, die mich herausforderten, final in einem ‚Film noir' dem Tod ins Auge zu schauen.*

Meine „Objekte der Film-Begierde" stellten sich nun in dieser Reihenfolge auf:

Film noir

Krimis/Thriller

Abenteuerfilme

und ein paar andere Filmperlen …

Clker-Free-Vector-Image

Der junge Jeff träumt von einer Rolle als Held im Film noir.

Ein brillantes 'Film noir' pic
photo: studio-dee, aberdeen/scotland

Es mag eine nichtssagende Redewendung sein, dass alle Übertreibungen bestraft werden: In meinem Fall traf sie den Nagel auf den Kopf.

Jeffs nun *permanente* Filmleidenschaft nahm keinerlei Rücksicht mehr auf seine schulischen Aktionen, die zum Beispiel im Lieblingsfach seiner frühen Jahre, Latein, derart absackten, dass sogar sein Klassenlehrer, Dr. F., der ihn eigentlich mochte, eine für seine Verhältnisse ernste Ermahnung in Richtung *Jeff Parc* schickte.

Da ich mich traditionell in einigen anderen Fächern eh schon ganz am Ende der Fahnenstange einordnete, konnte das eigentlich kein gutes Ende nehmen.

Ich hatte binnen eines halben Jahres jeglichen Zugang zum Lernen aus den Augen verloren: Kein Wunder, wenn ich meist direkt nach der Schule und dann auch noch oft bis weit nach Mitternacht in unseren drei Lieblingskinos abhing.

Um mich von meiner unwiderstehlichen *Kinosucht* fernzuhalten, hätte wohl auch der bestbezahlte Tiefenpsychologe dieses Planeten mir nicht helfen können – denn ich war zu *diesem* Zeitpunkt in meinem Leben ganz einfach *too cool for school*.

Anstatt mich irgendwann mal wieder in den Lernprozess einzugliedern, stellte ich hocherfreut fest, dass die Filme, die mich am meisten bewegten, von kleineren Filmproduktionen stammten, deren Macher sich nicht vom Mainstream mitreißen ließen, sondern in eigenen, kleinen und dazu noch halb zerfallenen Booten Platz nahmen, um nonchalant gegen den Strom zu rudern.

Hier, am Anfang meines Buches, erwähne ich zunächst zwei dieser unabhängigen Filmer aus Frankreich, neben den USA übrigens mein Lieblingsfilmland, die die ganze Welt mit ihren kleinen Filmen sowohl verzauberten, als auch eroberten:

François Truffaut und **Jean-Luc Godard!**

Wenn diese beiden Freunde in ihren Anfangsjahren in Paris einen neuen Film ins Auge fassten, konnte das schon mal so aussehen:

Truffaut skizzierte eine neue Filmidee, womit er und sein Team es sich erst mal in einem Pariser Café beim klassischen französischen Frühstück gut gehen ließen.

Nachdem dann alle – vielleicht nach einer langen Pariser Nacht – wieder bei klarem Verstand waren, schauten die gut trainierten Schauspieler mal kurz in die Drehbuchnotizen des Maestros.

Wie relaxt so ein *Team* dann an die Arbeit ging, kann man sich bei der im Grunde völlig überflüssigen, heutigen Hektik gar nicht mehr vorstellen.

Vom Lieblingsschauspieler François Truffauts, *Jean-Pierre Léaud* (Paris), mit dem ich später in Brüssel vor der Filmkamera stand, erzählte eine bekannte Schauspielerin in einem Interview: „Ich möchte *einmal* so spielen wie dieser Jean-Pierre Léaud, der improvisiert dermaßen cool, dass es eine Freude ist, ihm beim Drehen zuzuschauen: Ich werde das nie können."

Zu dieser Art von wahrer Coolness gehörte auch, dass Truffaut seine Dialoge erst im letzten Augenblick notierte, da er der Meinung war: Kennt man sie schon *zu* lange, werden sie nichtssagend.

Außerdem bediente sich Truffaut auch sehr gerne des Wortschatzes der Schauspieler für deren Figuren.

Von *Jean-Luc Godard* gab es dagegen andere, bizarre Nachrichten: Jean-Luc hatte wieder mal eine Filmidee, die er dieses Mal auf einer Streichholzschachtel festhielt; damit, und bekleidet mit einer zerrissenen Jacke, sprach er in einem Pariser Filmstudio den nächstbesten Studioarbeiter an, dass er den Starregisseur X sprechen möchte, von dem er gehört hatte, dass dieser mit seiner jungen *Frau Y* seinen neuen Film hier dreht.

Wenige Minuten später erschien der Regisseur auf der Bildfläche und fragte Godard auch prompt nach einem Drehbuch, worauf dieser ihm cool 'ne leicht zerknitterte Streichholzschachtel in die Hand drückte.

Verwundert ob dieses doch sehr merkwürdig aussehenden Drehbuchs, marschierte der Regisseur samt dem ihm überlassenen Schächtelchen in die Tiefen des Drehortes!

Als das heißblütige Lachen des weiblichen Jungstars verglühte, hörte Godard sie noch rufen: „Liebling, sag doch bitte dem kleinen Witzbold, er möge ein richtiges Drehbuch bringen, dann verspreche ich ihm, dass ich es auch lese."

Das Streichholzschachtel-Drehbuch verfilmte *Godard* dann mit einer bezaubernden US-Darstellerin namens *Jean Seberg:* Der Film ist seitdem ein *französischer* Klassiker mit dem Originaltitel *À bout de souffle* – „*Außer Atem*" – ein Gangsterfilm, der circa 1960 gedreht wurde und ein cooler Streifen für die Ewigkeit ist.

Mehr und mehr erkannte ich, dass meine Filme nur die sein können, die mich wirklich träumen ließen: dafür ist (mein) Kino da!

Sollten Menschen allerdings zu oft träumen, wie ich zum Beispiel, konnten sich schon mal ganz normale Schulstunden oder auch Matheprüfungen in *märchenhafte* Slapstick Nummern verwandeln!

So war eine *Mathearbeit* angesagt, alle Schülerköpfe fokussierten die gestellten Aufgaben, als auch schon der gegenüber mir immer penetranter auftretende Lehrer höhnisch lächelnd neben mir auftauchte, um nichts anderes loszuwerden als das: „Na, Jeff, wie sieht's aus? Jeff: „Wie soll's aussehen – meinen Sie die 2 Kids da auf der Schaukel?"

Mathematik ?   Foto: Pixapopz

Lehrer: „W i e?"

Jeff: „Na – da oben in der Mitte – ich *seh'* da 2 Kids, die auf 'ner Schaukel wippen."

Entgeistert drehte sich der Lehrer um und war momentan entsetzt: über das, was er da sah:

Zum Glück war ich in diesem Moment schon auf dem Weg zu meinem morgendlichen Caffè Doppio.

Zurückschauend könnte ich mein cooles (schulisches) Verhalten in etwa so beschreiben: Eine frühe Lust und meine pure Freude an vielen spielerischen Aktionen haben mich dummerweise an einen Ort katapultiert, den man gewöhnlich als das *Schulamt* bezeichnet. Die Konsequenz aus unzähligen dieser grotesken Aktionen meinerseits waren zwei Rauswürfe und weitere Wechsel in Internate, die überflüssig streng waren und nicht mal meine geliebten *Arthouse Kinos* in der Nähe hatten.

Diese Ansammlung von angeblichen Verfehlungen trieb mich unumkehrbar in den SHOWDOWN mit dem zuständigen Schulamt. Was mich dort erwartete, war weit entfernt von einer Welt, an die ich mich gerne erinnere: Ich betrat einen Raum, in dem auf fünf Einzelsitzen drei etwas verschreckt dreinschauende Schulamtsdamen saßen, ergänzt durch zwei schon etwas ältere Professoren Typen, die wohl noch nie auf die Idee kamen, mal ein Lächeln rauszuhauen.

Als ich mir dies ziemlich trostlose *Bild* Minuten sowohl angehört, als auch angeschaut hatte, in denen mir reichlich unverständliche Fragen begegneten, versuchte ich es dann doch noch mit diesem weit hergeholten Gedankenspiel: ein junges, auseinandergerissenes

Individuum zu sein, welches seit dem Ausbruch seiner *Liebe zum Film* pulverisiert zwischen Schule und Kino versucht, seinen eigenen Weg zu finden.

Anders könne ich mir meine Lernschwäche nicht erklären.

Nach noch mehr nebulösem Gerede von beiden Seiten, ergriff die Dame mit der für mich erkennbar größten Eloquenz das Wort:

„Ja, das können wir gut nachvollziehen – und seien Sie frohen Mutes, Mister Parc, wir werden in Ihrem Sinne entscheiden."

Tage später öffnete ich den Brief des Schulamts und las den Namen *der* Schule, in die man mich final schickte.

Umgehend erkundigte ich mich bei Freunden und Bekannten nach dieser Schule und erfuhr, dass in diesem vergammelten *Betonklotz im Nirgendwo* noch kein einziger Schüler auch nur einen einzigen Tag freiwillig verbracht hatte.

Photo: Peter Wrobel – kein Schüler wollte je freiwillig in dieses Schulgebäude!

Meine erste Analyse:

„Das ist eine ganz große *Verarsche* hier": Ich war fassungslos!

Es war der frühe Abend vor meiner *finalen* Einschulung und ich tigerte alleine durch mein enges Zimmer, der Verzweiflung ausgeliefert, als ich mich an einen *Film noir* Titel erinnerte, der schonungslos meine momentane Stimmung wiedergab:

„I wake up screaming" – **Ich wache schreiend auf.**

Photo: the Film Noir Report

Ich nahm den langsamsten Zug und eilte dann schnellen Schrittes direkt vor *die* Schulklassentür, die man im Schulamtsbrief genau notierte.

Dort klopfte ich an, trat ein und schon nach meinen ersten fünf Schritten schlug mir der *blanke Hass* entgegen: sowohl von den Schülern als auch vom Lehrer.

Der Grund, wie sich schnell herausstellte, ein simpler: Ich war ein verhasster Gymnasiast, den man hier nicht gerne sah: alles erst mal keine rosigen Aussichten für einen *gefallenen* Ex-Gymnasiasten!

Wieder mal stand ich allein und verloren vor dem Nichts – der Trostlosigkeit einer Schule sonst wo im Niemandsland übergeben – weit weg von *den* Kinos, die mir nicht nur *Träume* schenkten, nein, sondern auch mein Wohnzimmer waren.

Wie sollte ich hier die nächsten zwei Jahre überleben?

Umgehend sprang ich über meinen eigenen Schatten und *bat um meinen „letzten Tango"* beim Direktor dieser Schule.

Die Antwort aus dessen Zimmer war kurz und knackig, aber nicht unfreundlich, da man mir umgehend '*nen* Termin beim Konrektor gab: Und *dieser* kleine Mann war *der* Glücksbringer meines bisherigen Schülerdaseins.

Als ich in sein Zimmer eintrat, sagte er mit einer sich sehr weich anhörenden Stimme, dass wir beide bitte wie Freunde reden sollten – was ich mit flinker Zunge umsetzte und ihm meine bisherige Lebensgeschichte Punkt für Punkt und bestimmt ganze 30 Minuten lang erzählte.

Alleine schon das mir Zuhören, ohne mich auch nur ein einziges Mal zu unterbrechen, gab mir ein starkes Gefühl des Miteinanders.

Ich empfand während der gesamten Zeit, dass Herr Granzner bestmöglich an meiner Reise durch die mehr als komplizierte Zeit meiner frühen Jahre teilnahm.

Als wir uns dann zur Verabschiedung vis-à-vis standen, umarmte er mich spontan und sagte:

„Jeff, du bist tief in dir ein großartiger Junge und ich weiß, dass dich sehr viele Menschen verkennen, oft missverstehen und auch vielfach falsch interpretieren – ich werde dir helfen, dein Leben irgendwie auf die Reihe zu bringen – selbst wenn du nichts mehr von mir persönlich hörst oder siehst, *wird es passieren!"*

Vor der Tür war es dann so weit: ich ließ meinen Tränen freien Lauf...

Endlich mal jemand, der mir *seriös* zuhörte.

Zwei Wochen später saß ich in einer Klasse, die man innerschulisch auch die *Filmklasse* nannte – *unglücklicherweise* mit einem spöttischen Unterton!

Als ich das hörte, dachte ich nur: „Wartet ab, wir werden es euch allen zeigen."

Meine neue Klasse hatte nur 20 Schüler – 15 davon gehörten der Filmgruppe an.

Mit mir waren es nun 16, die sich, nur mit ihrem Taschengeld und ein wenig an geliehener Kohle ausgestattet, auf den Weg machten, um einmal ins Auge gefasste Filmprojekte ernsthafter anzugehen, als dies in der Vergangenheit der Fall gewesen war.

Ich kann hier mit Bestimmtheit sagen, dass nur der *Zufall* es wollte, dass Nic Moren und Jeff Parc, erst seit wenigen Tagen Klassenkameraden, sich sahen, mochten und kopfüber in die (*damals noch*) faszinierende Welt des Films eintauchten.

Hier geschah etwas Unerwartetes – und beide waren bereit, die Gunst der Stunde zu nutzen!

Unsere spontane Affäre breitete sich dergestalt aus, dass wir zwei in Rekordzeit etwas zwischen uns entstehen ließen, was ganz eindeutig zu tun hatte mit *Bewunderung* und einer Art von *Filmliebe* für den jeweils anderen und für unser ganz großes Ziel!

Nic war der Kopf dieser jungen Filmbande und gleichzeitig auch ihr genialer Geschichtenschreiber, den alle liebten und akzeptierten.

Was mich dann doch etwas stutzig machte, war die Tatsache, dass diesem jungen Filmteam bisher eigentlich gar nichts gelang – ja, es war nichts da, was ich mir hätte ansehen können.

Apropos: Auch mir gelang ja bisher im Grunde genommen gar nichts!

Und so empfand ich das vorhandene Nichts als nicht verwerflich, wenn alle 16 Jungfilmer ab sofort den Ernst der Lage begriffen und sich einreihten in eine geschlossene Front, die nur noch einem Ziel nachjagte: einen circa 30-minütigen *Film noir* auf die Beine zu stellen!

Fotoarchiv: Jeff Parc

Jeff Parc – während seiner Zeit als ‚Schülerfilmer‘.

Unsere gemeinsame Reise begann damit, dass wir alles auf den Tisch warfen, was Nic bisher geschrieben hatte!

Wir versuchten jede geschriebene Seite zu entschlüsseln und stellten dann nach zwei, drei Wochen fest, dass wir damit richtig lagen!

Denn zwei seiner weit fortgeschrittenen Storys schienen wie maßgeschneidert zu sein für einen coolen, circa 30-minütigen *Film noir*: also eine Art *Thriller*.

In den folgenden Wochen intensivster Arbeit merkte ich allerdings auch, dass diese ja eigentlich verschworene Filmgang noch nie etwas von *einer konstruktiven Streitkultur* gehört hatte, bei der es um so wichtige Punkte geht wie:

Ehrlichkeit, alles muss raus, Sachlichkeit, Respekt, Kompromisse finden, Verzeihen können, Blickwinkel verlagern ... und auch Zuhören!

Diese Erkenntnis nahm ich ohne Zögern zum Anlass, Nic umgehend meinen Studentenfreunden von der hiesigen Filmakademie vorzustellen, die seit Monaten einen talentierten Geschichtenerzähler suchten.

Sich in diesem ambitionierten Kreis auszutauschen, wird sowohl ihn als auch folgend unsere Schülergang motivieren *und* beflügeln.

Gemeinsam mit dem Schreiber der unglaublich packenden *Ideen, Nic Moren,* 17 Jahre jung und Kind von Eltern, die nicht wussten, wie sie ihre sieben Kids am nächsten Tag ernähren sollten, nahm ich einen gewaltigen Anlauf, um meinen neuen Freund aus dem Gefängnis einer ihn seit einiger Zeit zerfressenden Depression herauszuholen und dorthin zu führen, wo er meiner Meinung nach schon kurzfristig hingehörte: in junge, studentisch selbstbewusste Filmkreise.

Diese neue Umgebung gab Nic überraschend schnell einen beachtlichen Auftrieb, der im Nu alle von uns ansteckte und positive Filmereignisse sich wie ferngesteuert überstürzten.

Den Anfang machte ein Treffen mit unserem Direktor in seinen nicht gerade Hollywood ähnlichen Räumen, an dem, neben Nic und mir, auch noch andere Jungs und Mädchen aus unserem Team teilnahmen.

Was sich anfänglich anhörte wie ein irgendwie belangloses Gespräch, entpuppte sich nach weiteren circa 45 Minuten zu nichts anderem als bescheiden ausgedrückt *der Filmsensation überhaupt*:

Unser Direktor erlaubte uns jungen Filmern ab sofort, die riesige **Aula** seiner Schule in ein *Filmstudio* zu verwandeln!

Was nach dieser krassen Direktoren-Entscheidung los war, kann ich bescheiden nur so beantworten: *Party pur!*

clker – free vector images

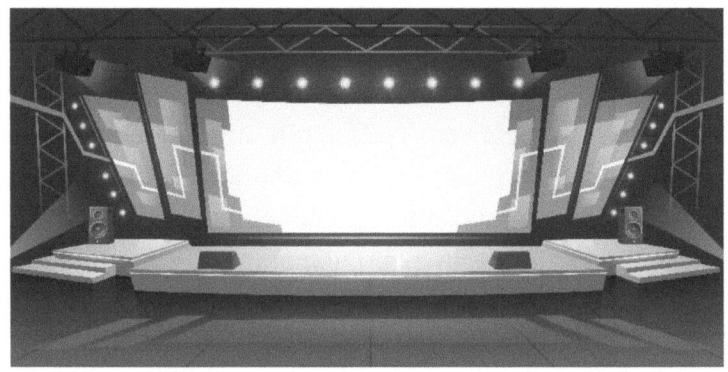

Freepik: upklyak – Ab sofort war diese selten benutzte „Aula" mit ihrer irren Filmleinwand unser Filmstudio!

Das war unserem Direktor Anlass genug, um sofort und ohne Umweg unsere Truppe anzuführen und schnellen Schrittes dorthin zu lotsen, wo sich ab sofort alles abspielte, was für unseren Film von Bedeutung war.

Als ich meinen *ersten* Schritt in diese riesige Aula machte – konnte ich es nicht fassen, in was für ein *„Prachtstück"* an Raum mich der Direktor gerade führte – das schreiende Gegenteil zum ansonsten verkommenen Schulgebäude!

Der Anblick dieses Raumes versetzte mich in eine Art von *Sekundentraum*, in dem ich ohne mein eigenes Zutun in den offenen Armen unseres Direktors landete, um mehr oder weniger unvorbereitet die Welt wissen zu lassen, „dass ich diesen Moment in meinem Leben *n i e* vergessen werde."

WAS war denn hier nur los?

Parallel dazu steuerten einige von uns auf einen weiteren Höhepunkt zu, in dem sie einen Filmtitel kreierten, der sowohl geheimnisvoll als auch aufreizend unnahbar klang: **BRÜNETTES GIFT!**

Ein faszinierender Titel für unseren Film – erdacht für alle Neugierigen dieser Welt!

Seitdem mich die Film noirs *verführten, gehört folgendes offiziell zu meinem Kino:* Der Charme, die Attraktivität, die Anziehungskraft und der Zauber der Frau – ohne diese Parameter ist Film, wie ich ihn liebe, nicht möglich.

Unser „Brünettes Gift": eine komplizierte Film noir *Dreiecksgeschichte,* in der eine Traumfrau namens *Christine* die Hauptrolle spielte, der die Natur Schönheit, Charme, Intelligenz und Schlagfertigkeit mit auf den Weg gegeben hatte.

Christine figurierte in unserem Film als die, die dem Film noir bis heute seine Anziehungskraft verleiht: fast immer das begehrenswerte, tödliche Zentrum des Films zu sein.

Und so geschah auch in unserem ‚**Brünetten Gift**' das, was den Film noir auszeichnet:

„Sobald die zwei männlichen Stars, Carlo und Jeff, sich im Netz *unserer Film noir* Traumfrau verfangen, die, so scheint es vordergründig, *ihre* unterdrückten

Illusionen erfüllt, beginnt auch schon ihr mörderischer Überlebenskampf."

Die größte Herausforderung unserer *Filmproduktion ohne Geld* war, unseren weiblichen Superstar, *Christine,* zu finden: Finden Sie mal 'ne Stecknadel im Heuhaufen!

Okay, wir überlegten nicht lang, wer unser ,*private eye*' sein sollte, denn alle Gehirne unserer vielköpfigen Filmgang spuckten nur ein und denselben Namen aus: „**Carlo**":

Ein junger Mann aus Rom, sehr charmant, intelligent und einfallsreich – und neben der noch zu findenden *Christine und dem schon auf der Lauer liegenden Jeff –* *der dritte Star unserer Geschichte.*

Und dieser Carlo lehrte uns alle, dass coole Typen aus Rom ganz anders an Dinge herangehen als kopflastige Mittel- oder auch Nordeuropäer.

Carlo schlenderte auffallend normal in ein großes Kaufhaus einer Nachbarstadt, um dort an der riesigen, immer voll besetzten Cafébar einen *angenehmen* Nachmittag zu verbringen.

Aus dem einen wurden zwei Nachmittage, wovon der zweite so begann wie der erste – sich dann aber völlig überraschend verselbstständigte:

Unser Mann aus Rom verließ die Rolltreppe, um, wie schon am ersten Tag, auf eine knallvolle Cafébar zu blicken – doch, Halt, da standen doch ganz hinten im Raum gerade zwei ältere Damen reichlich umständlich von ihren Sitzen auf, als unser charmanter Römer auch schon neben ihnen stand.

Die beiden Damen waren entzückt ob dieser legeren Unterstützung beim Anziehen ihrer doch etwas eigensinnigen Wintermäntel, als *Carlos* Blick für den Bruchteil einer Sekunde nach links flog:

Wen er da *erblickte*, war niemand anderes als **Christine** – der Star unseres Films.

Von wem auch immer inspiriert, wechselte Carlo *„hypnotisiert"* hinüber in seine Muttersprache und machte damit das entscheidend Richtige:

Denn seine Entdeckung *„Matilda"* – unsere Film *Christine* – kam aus dem Mailänder-Vorort *„De Angeli"* und war im Begriff, Literaturwissenschaften zu studieren.

Sie saß rein zufällig dort, *wo sie gerade saß*, um nicht mehr als einen Cappuccino zu nehmen: und verließ die Cafébar als Protagonistin unseres „Brünetten Gifts".

Photo: *Letizia Agosta* on Unsplash – unser S T A R ‚*Christine*‘.

Nur drei Tage später bat Carlo seine Filmgang, sich um exakt *HIGH NOON* in unserem Filmstudio, der Aula, zu versammeln, um Teil eines epochalen Ereignisses zu sein.

Mehr sagte er dazu nicht …

Am besagten Tag öffnete sich dann – wie von Geisterhand gelenkt – eine unserer riesigen Filmstudiotüren und mit einer nicht zu überbietenden italienischen Lässigkeit betrat mein Freund und Co-Star *Carlo* mit *seiner* Filmentdeckung *Matilda* die Arena.

Alle, wirklich alle sprangen auf, um die ersten Blicke auf unseren *weiblichen Star* werfen zu können, als auch schon einige unserer Teamgirls laute Schreie der Bewunderung in unsere Filmarena schickten!

Ja, ich befand mich fast schon inmitten eines *Hypes um Matilda,* der nicht spektakulärer hätte ausgelöst werden können.

Und dann passierte etwas, was selbst mir den Boden unter den Füßen wegriss:

Ohne irgendeine Ankündigung rannte „Nic" auf die Bühne, umarmte strahlend unseren Star, dankte Carlo herzlichst und gab Folgendes vis-a-vis uns allen zum Besten:

„Kein Geschenk der Welt hätte mich mehr erfreuen können, als mit dieser *hinreißenden Matilda* und euch allen die nächsten Monate vor unserer *magischen* Kamera zu verbringen – ich liebe *euch*, Danke schön!"

Kurz vor ihrem *ersten* Abschied winkte „Christine" unserer natürlich komplett präsenten Filmgang in einer Art und Weise zu, die uns wissen ließ, dass sie es sich sehnsüchtig wünschte, unsere gemeinsame Filmreise begann schon *gestern*.

Um unser gesamtes Team kurz vor Drehbeginn nochmal so richtig „heiß" zu machen, *besuchte* ich mit allen den vielleicht besten **Film noir** aller Zeiten: Es war *der* mit dem kalifornischen Titel *„Sunset Boulevard"* von Billy Wilder.

Hier eine Kurzfassung aus dem sonnigen Kalifornien: Im Swimmingpool eines Filmstars in Beverly Hills wird die Leiche des Drehbuchautors Joe Gillis gefunden. In Rückblenden erzählt Joe vom Jenseits aus die dramatischen Geschehnisse – von dem Tag an, als er sich auf der Flucht vor seinen Gläubigern auf das verfallende Anwesen des vergessenen Stars verirrte.

Aufgrund seiner Geldsorgen nimmt er ihr Angebot an, ein von ihr geschriebenes Drehbuch zu bearbeiten, von dem sie sich ein großartiges Leinwand-Comeback erhofft.

Apropos: das *American-Film-Institute* listet „Sunset Boulevard" auf Platz 12 der besten amerikanischen Filme aller Zeiten.

Was Nic und mich am Sunset Blvd. faszinierte, war die Tatsache, dass das heruntergekommene Herrenhaus unseren Protagonisten in seinen Bann zog, aus dem es kein Entrinnen gab.

Er sitzt, wie das Publikum, an einem schrecklichen Ort fest und wartet auf ein ebenso gnadenloses Schicksal.

Eine der großen Freuden dieses Films ist es, die Art und Weise zu beobachten, wie *William Holdens* naturalistische Darstellung mit einer Schauspielerin und ihrem Darstellungsstil aus einem früheren Alter kollidiert.

Ein kaltes, brillantes Melodrama über eine spinnenhafte Ex-Königin des Films und den Hacker, den sie in ihrem Millionen-Dollar-Netz vernichtet.

Gloria Swanson und William Holden sind hervorragend in den Hauptrollen: ein Muss für Fans der skrupellosen schwarzen Komödie.

Als wir uns am nächsten Mittag alle in unserem „Filmstudio" trafen, gab ich die Parole aus: „**Ich verliere niemals, niemals** mehr **wirklich!** – denn ich hab' schon zu lange und zu oft auf die Fresse bekommen."

So was begreifen nicht alle, aber wer diese zwei – Nic und Jeff – über nun schon viele Wochen und Monate hinweg hautnah *gefühlt* hatte, wusste, *dass nur diese eine Chance zählte.*

Ich bin der festen Überzeugung, dass unser smarter Schuldirektor schon bei unserem ersten denkwürdigen Treffen in seinem Zimmer eine Art von explosiver Aufbruchstimmung registrierte, die ihn auf unseren Zug aufspringen ließ.

Um es klipp und klar zu sagen: „Beide Parteien – der Direktor samt Lehrerkollegium auf der einen u n d unser gesamtes Filmteam auf der anderen Seite – spielten dasselbe simple Spiel des alles oder nichts: Er gab uns seine Aula, wir ließen sie unseren Film als Erste *sehn*!"

Der von uns initiierte Showdown mit dem Direktor samt Lehrerkollegium hatte nur eins im Sinn: All *die* zu begeistern, die bestimmt nicht mal im Schlaf je zu denken wagten, dass 16 tollkühne Schüler mit geringsten Mitteln etwas Künstlerisches schufen, was wie durch Zauberei unsere Aula in einen Ort des Entzückens verwandelte.

Das Ergebnis dieser *internen* Premiere könnte mittelfristig ja auch für unsere Schule von großem Nutzen sein: etwa im Sinne von späteren Renovierungsarbeiten oder gar einem Neubau.

Nichts hätte real explosiver sein können als die kommenden 29 Minuten, in der *zwei Gruppen* in einer 300 Plätze fassenden Filmarena, der Aula, getrennt voneinander Platz nahmen.

Wobei die Gruppe der Jungen, angeführt von Nic und Jeff, wusste, *dass sie niemals wirklich verlor*!

Das Duell der Protagonisten nahm seinen Lauf – die Entscheidung breitete sich auf unserer riesigen Leinwand aus:

Das ‚Brünette Gift' erzählte den Duellanten – dem Direktor samt Lehrerkollegium auf der einen und uns Jungfilmern auf der anderen Seite – die unter die Haut gehende Geschichte eines besonders verführerischen Frauentyps, *Christine*, der Männer manipuliert, ihre Moral untergräbt und sie erotisch an sich bindet, um das Unvorhersehbare und Unfassbare geschehen zu lassen!

Unsere Story voller Rätsel hatte *Bilder* im Gepäck, die selbst Dauerkinogänger nur mit Mühe oder überhaupt nicht zu deuten wussten, wobei ich schon immer der Meinung war: Das Kinopublikum muss Film(e) nicht zwingend nachvollziehen können.

Die letzten Sekunden unseres Streifens liefen noch, als unsere beiden Direktoren spontan aufstanden, sich in Richtung unserer am anderen Ende der Arena sitzenden Truppe positionierten, ihre Hände erhoben, um uns 16 mit leidenschaftlichem Beifall mitzuteilen, dass sie solch ergreifende Bilder wie die des *Brünetten Gifts* niemals erwartet hätten.

Dabei kreisen beide Direktoren Köpfe in einer Art von neu-choreografiertem Ballettstück von einer auf die andere Kopfseite, die diesem feinen Schuldirektoren-Duo in meiner Empfindung etwas Außerirdisches verlieh.

Das Direktorenspektakel war so gut wie ‚Geschichte', als auch schon das gesamte Lehrerkollegium uns von viel *weiter oben* zujubelte: Diese Burschen standen doch tatsächlich nirgendwo anders als auf ihren Stühlen!

Nur wenige Tage nach dieser *allerersten, triumphalen* Vorführung baten wir den Direktor, eine Filmpremiere mit allen Schülern unserer Schule organisieren zu dürfen: exklusiv in unserer Filmarena!

Die Antwort unseres Direktors, Herrn Taylor, war nichts anderes als ein **„Märchen aus 1001 Nacht"**:

Er verkündete uns den bereits feststehenden Premieren-abend, der garniert war mit Gästen, die normale Menschen wie wir ansonsten nie zu Gesicht bekamen!

Nic und ich übernahmen die Gestaltung des Abends und positionierten an allen in die Arena führenden Türen *Schülerinnen*, um den *„Einzug der Geladenen"* so entspannt wie nur möglich zu begleiten.

Die vielleicht aparteste Schülerin unserer gesamten Schule, *Nicole*, bekam aufgrund ihrer melodiösen Stimme den attraktivsten Job des Abends: Sie war unsere **„LC"** – **Lady** *of Ceremonies!*

Eingedeutscht auch „Unsere *Zeremonien-Dame"* – in Personalunion mit ihrem Job als Pressesprecherin unserer Schülerfilmgang.

„*Nicole*" am Micro war der Garant *dafür*, dass selbst die Wildesten unter den 300 Schülern halbwegs friedlich ihre Premierensitze in Beschlag nahmen.

Nach einer kleinen Pause ging es gemütlicher weiter, denn gelotst von ihren Professoren und deren Frauen betraten ein paar Dutzend *Filmstudenten der hiesigen Medienakademie die Arena*

Unmittelbar danach erschien die Spitze der Stadtverwaltung, von der bestimmt kein einziger Schüler geträumt hatte: *Der Magistrat unserer Stadt.*

Solch einen COUP konnten nur unsere beiden Rektoren einfädeln!

Danach dachte wohl keiner mehr in der prall gefüllten Arena daran, dass nach diesen Gästen noch irgendwer folgen könnte.

Umso größer war die Überraschung, als sich die riesige Eingangstür zu unserem ‚KINO' erneut öffnete und Nicole zehn Filmredakteure der größten TV-Sender unseres Landes zu sich auf die Bühne bat

Dabei war zu bemerken, dass vier von den zehn Filmredakteuren junge Damen waren.

Nachdem *unter dem Extra-Jubel aller* die vom Schulamt unserer Stadt eingeladenen Filmredakteure ihre Plätze eingenommen hatten, ließ Nicole uns alle wissen: „Leute, ich durfte ja bisher als Einzige ein paar wenige Minuten vom ‚Brünetten Gift' sehen: Was ich sah, ließ mich nur noch träumen!

Ich darf nun all die zu mir bitten, die uns diesen Abend erst ermöglichten."

Während wir dann da hoch stürmten, begleitete uns 16 ein beeindruckender Begeisterungssturm, gerade so, als hätten wir in diesen Minuten die nationale Meisterschaft im College Football in Miami/Florida gewonnen!

Der Saal tobte und wir mussten aufpassen, dass uns die Bretter, auf denen wir rücksichtslos herumhüpften, nicht unter den Füßen wegbrachen.

Keiner von uns Schülern hatte natürlich jemals so was erlebt – das war ja fast schon *Hollywood am Ende der Welt*.

Nicole holte dann zum finalen Schlag aus: „Hier ist er nun – unser erster, seit 30 Jahren herbeigesehnter und genau 29-minütiger *Film noir Kurzfilm* mit dem gefährlichen Titel: ‚Brünettes Gift' – auf, los gehts!"

Schon die ersten Bilder waren es, die die Arena durchschüttelten, wobei diese Art der Begeisterung sich kontinuierlich steigerte, um mit der letzten Szene

unseres Films regelrecht durch die Decke zu schießen:
Was war geschehen?

Es spielte sich vor aller Augen Unvorhersehbares ab:

Aus derselben Hütte, die *Jeff* in der Nacht erst betreten
hatte, schritt jetzt, am Ende des Filmes, *Christine* heraus: mit schnellen, kurzen Schritten und einem Blick, der
Wasser in Sekundenschnelle gefrieren ließ.

Foto: Charlie Deets. Christine rauscht davon.

Point of no return

Alleine bestieg sie den schwarzen Gangsterwagen, den
Jeff die Nacht vor ihrer Hütte geparkt hatte, und lenkte
diesen traumhaft elegant in eine sich endlos bewegende

Wand an sintflutartigem Regen hinein – als auch schon unsere Filmarena explodierte.

„Christine" ... *Eine Illusion* von Anfang an*!*

Foto: *Letizia Agosta* on Unsplash

Dieser in die Luft fliegende Applaus der 300 Filmfans zeigte uns jungen Filmern, dass wir verstanden, den Kern eines *Film noirs* zu knacken:

„Christine" gelang es einmal mehr, Menschen in ihren *zum Tode führenden* Bann zu ziehen!

Unser Filmende – ein tödlicher Traum ...

Das **Brünette Gift** hatte neben einer brillanten Hauptdarstellerin eine Geschichte, die Menschen ihr Leben lang zum Träumen verführte – und eine kreative Filmgang, die dem Ganzen erst *das* Leben einhauchte, das es zu dem machte, was unsere Nation dann vereint umjubelte.

Um seine Wertschätzung für unsere Filmkunst noch zu vertiefen, eilte unser genialer Direktor augenblicklich auf die Bühne, lud die Eltern aller Schüler zu einigen Privatvorführungen des „Brünetten Gifts" ein – mit anschließender Übergabe des 29-minütigen Films an jede einzelne Familie.

Der darauffolgende Applaus war phänomenal ...

Die Finanzierung dieser einmaligen Aktion übernahm das Kultusministerium höchstpersönlich!

Wir Jungs stellten etwas auf die Beine, was anderen Filmgruppen dieser Schule in 30 Jahren ihres Bestehens nie gelang: Wir, *die Truppe der 16*, erweckten die Schule im Nirgendwo zum Leben.

Dieser Hype erfasste zuerst natürlich die ganze Stadt samt Umgebung, was zur Folge hatte, dass wir Filmer mit unserem *„Brünetten Gift"* im Gepäck überall dort erschienen, wo interessierte Schüler uns jubelnd empfingen.

Wir finanzierten ja bisher alles alleine – aber fortan, es geschahen Wunder, beteiligte sich unsere Schule zusammen mit dem Stadtschulamt an potenziellen Film-projekten mit bis zu 80 %.

Einzigartige Momente, die keiner von uns Schülern je vergessen wird.

Ein Paukenschlag kommt selten alleine – und nicht anders erlebte es unsere Schule, ja, Schüler behaupteten sogar, dass sie an jenem Tag einen Urschrei aus *der* Richtung hörten, in der das Zimmer unseres Direktors zu lokalisieren war!

Was konnte der Grund gewesen sein?

Nun, es war nichts weniger als die Einladung des größten TV-Senders der Nation an unsere Filmgang, in geschlossener Formation anzutanzen, um unser *„Brünettes Gift"* vor Millionen in deren beliebtester Filmsendung – *„Film Avantgarde"* – vorzustellen.

Nachdem der eloquente Filmredakteur unseren *Giftfilm* vorgestellt und damit landesweit bekannt gemacht hatte, lagen unserer Schule massenhaft Anfragen anderer Schulen vor: „Wo können wir euch samt eurem Film treffen?"

Nichts leichter als das: Meldet euch bitte an, kommt in unsere Stadt, die die Übernachtung samt Frühstück für 250 Schüler an einem Wochenende im Monat übernimmt – insgesamt 1 Jahr lang!"

Wer hätte an so was denken können, welch ein *Turnaround* für unsere Stadt und eine *einst* vergessene Schule im Nirgendwo.

Dies war nichts anderes als das Jahr unserer Schule *und* unserer Stadt, die vorausahnend verstanden, was es bedeutete, ambitionierten Jungkünstlern unter die Arme zu greifen.

Wenn Schüler so ein Werk in den Kosmos feuern, bleibt es nicht aus, dass sich auch *Einzelne* im Land mit uns in Verbindung setzten, um sich über Tipps zu freuen.

Nachfolgend hatten wir mit unserem unerwarteten Erfolg alle Hände voll zu tun, um interessierten Schülern die Türen dort zu öffnen, wo wir wussten, dass es auch offene Ohren für sie gab!

Schenkte mir einer in all dem undefinierbaren Lärm meiner gesamten Schulzeit so was wie ein ganz persönliches Glücksmoment – dann war es der innerlich schon fast zerbrochene Nic Moren.

Nach unserem Sensationserfolg trennten sich unsere Wege: Nic besuchte die hiesige Medienakademie, ich zwei Schauspielschulen: eine davon in Frankfurt am Main, *Germany* und *'ne internationale* in *Amsterdam, NL.*

Nach insgesamt vier faszinierenden Studienjahren war die Zeit reif, mich um eine erste Rolle an einem Theater zu bemühen.

Nur wie?

Vorschläge prasselten regelrecht auf mich nieder, keiner davon gefiel mir. Nach Treffen mit Schauspielagenturen war klar, dass auch dieser für Schauspieler eigentlich ganz normale Weg nicht mein Ding war!

An diesem kritischen Punkt angelangt, übernahm einzig und allein *meine Mentalität* die Kontrolle über meinen weiteren Lebensweg und dirigierte mich mitten hinein in ein Leben voller unberechenbarer Zufälle: Glück, Chaos, Triumph, Realität, Fantasie, Zerrissenheit und der Sehnsucht nach *magischen* Filmrollen und Filmpartnern, *die wohl einzig und allein in Märchen zu finden sind.*

Und so geschah es, dass ich mich so lange einsperrte, bis es mir ganz *alleine* gelang, eine formidable Anzahl an Theater-Vorsprechterminen zu ergattern, und ich damit meine erste große Reise als Schauspieler in drei Länder startete:

graphic: ElisaRiva

Ich setzte fortan und bis ans Ende meiner Schauspiel-tage voll und ganz auf den unberechenbaren Zufall – und mit diesem saß ich dann zusammen mit Wiener Freunden in deren urigen Künstlerkneipen, um mich so richtig einzustimmen auf das, was die Bühnen mir dort bieten würden oder auch nicht!

Von Wien aus ging es nach Klagenfurt, Innsbruck und zum österreichischen Finale nach Salzburg – dann schräg rüber in die malerische Schweiz, wo ich mir vorkam, als machte ich eine wunderschöne Urlaubs-reise. Mein erster Termin dort war in Zürich, danach kamen Bern, Basel, Luzern und Schaffhausen.

Am Ende dieser Zweiländertour lag ich auf *'nem* durchgelegenen Bett in *'ner* günstigen Pension und befragte mich mal wieder selbst: „An was liegt es, dass mir keiner der *bisherigen* Theaterleute auch nur irgend-ein Signal sendet: Ich weiß es nicht!"

Ach, dachte ich, was soll's – dann erlebte ich den Showdown halt in Deutschland, wo ich eh die meisten Theater-Vorsprechtermine hatte!

Schon vor meiner wochenlangen Reise schwor ich mir, dass ich auf der Stelle bei *dem* Theater einen Vertrag unterzeichnete, das mir sagte: „Jeff, wir lieben dich, bleib Jahre unserem Theater treu, spring sofort von der Bühne herunter und lass uns alle zusammen in unserer Cafébar einen Espresso nehmen, während wir den Ver-trag unterzeichnen."

Man glaubte es mir im Grunde nirgendwo – aber exakt so, wie ich es mir erträumte, fand es in diesem bezaubernden Theater in Bonn-Bad Godesberg statt!

Ich musste nur noch von der Bühne herunterspringen, um Schritt zu halten mit *dem*, der mich meinen ersten Theatervertrag unterschreiben ließ.

Photo: La_Petite_Femme

Irgendwie erschien mir meine Umgebung in diesen Minuten sowohl traumhaft als auch unwirklich; und in einer ziemlich ähnlichen Verfassung trat ich Monate später dann auch meine Reise durch die Märchenwelt des Theaters an:

Wir befinden uns in Boston, Massachusetts, und mitten in einer ‚*lyrischen Fantasie*‘ des Schriftstellers *Tennessee Williams* – weltbekannt und Mitglied der ‚American Academy of Arts and Sciences‘ – mit dem Titel:

‚*The Case of the Crushed Petunias*‘

In diesem *Bühnenstück* nehme ich als einer der Hauptakteure unsere Protagonistin an die Hand, um ihr einen Weg aufzuzeigen, der sie in die Lage versetzt, ein für alle Mal abzulassen von ihrem selbstzerstörerischen, eintönigen und langweiligen Alltagstrott, um schließlich und endlich ihr Leben wieder genießen zu können.

Welch ein eindrucksvoller Glücksmoment für den jungen Jeff im Theater in Bonn-Bad Godesberg.

Nur noch wenige Stunden bis zum Premierenabend:

Jeff relaxt in 'nem 'Bonn-Bad Godesberger' Café

Chaos im Film: „Royal Flush"

Photo: inspired images

Die Karten waren gemischt – am „Pokertisch" saßen die Protagonisten:

Götz George, damals schon ein Star, der junge Kameramann Michael Ballhaus, der ebenfalls junge Schauspieler Jeff Roden (Jeff Parc) und unser Regisseur Ulli Lommel, der ja schon mit „vier Jahren" – gemeinsam mit seinem Vater, dem Komikerstar seiner Zeit – die Theaterbühnen der Nation eroberte.

Ort all unsrer Film-Angelegenheiten: **BERLIN WEST** – und im Besonderen die *Knesebeckstraße* unweit des Kurfürstendamms.

Es sollte <u>der</u> Film werden, der seit Jahren unsere Filmköpfe verzauberte.

Die Vorbereitungen hätten nicht besser laufen können, die Besetzung war gigantisch: Ein Star, *Götz George*, als labiler Held, der sich von einem mitleidslosen, jungen Gangster, den ich spielte, erpressen ließ, ein Kameramann, *Michael Ballhaus*, der Einstellungen kreierte, die man vorher so noch nirgendwo gesehen hatte. Am Ende landete dieser junge Kameramann in Hollywood als weltweit gefeierter Star.

Wenn man das so las, war es nur logisch, dass uns einer der großen Filmverleiher „auflauerte", um mit unserer Produktion, so schnell es ging, 'nen Vertrag abzuschließen – was dann auch ratzfatz passierte!

Der *Gag* dabei war folgender:

Unser *Film Distributor* war seit Jahrzehnten ein international *geachteter* Pokerspieler, der jedes Drama seiner millionenschweren Verrücktheit liebte.

Außerdem genoss er in der Filmwelt hohes Ansehen: ein Mann von Wort, diskret und geschickt, intelligent und großzügig.

Was bei diesem Filmverleiher noch als wichtige (Vertrags-) Beigabe hinzukam, war, dass er die beiden Hauptdarsteller des Films, den *Götz* und *mich*, sehr mochte!

Irgendwann während der Dreharbeiten erzählte er mir, dass er es kaum abwarten kann, unseren Film in die Kinos zu bringen!

Jeff Roden

Fotoarchiv: Jeff Parc

Alles schien im Grunde zu schön, um wahr zu sein.

Die Dreharbeiten verliefen derart cool, es hätte nicht besser laufen können – ja, bis sich eigentlich zwei Dramen hinter unserer glamourösen Filmfassade parallel hochschaukelten, deren Hintergründe sich bis zum heutigen Tag im dichtesten Nebel verbarrikadieren.

Was ich als Freund unseres Filmproduktionsteams durch Zufall mitbekam, wir befanden uns schon mitten in den Dreharbeiten, war ein mehr als merkwürdiger Anruf kurz nach Mitternacht.

Um unserer Produktion Geld zu sparen, logierte ich in einem kleinen Zimmer einer riesigen Altbauwohnung in der Knesebeckstraße in Berlin, unweit des Kurfürstendamms, in der alle Mitarbeiter unserer Produktion tagtäglich ihrer doch sehr stressigen Filmarbeit nachgingen.

Am Telefon war einer unserer wichtigen Filmfinanziers, der auch gleichzeitig der Ehemann von der in unserer Produktion mitarbeitenden *Gina*, einer *außerordentlich* aparten Mittzwanzigerin, war.

Und genau um seine *Gina* ging es ihm!

Ich frage mich noch heute, wie ein ansonsten sympathischer „Finanzier" dazu kommt, einen Schauspieler nach Mitternacht aus dem Bett zu werfen, um zu erfahren, ob seine Frau mit irgendjemandem aus unserer Produktion ins Bett steigt: Wie in aller Welt soll ich das wissen.

Aber irgendwoher hatte er bestimmt erfahren, dass ich das kleinste Zimmer innerhalb unserer Produktionsräume bewohnte und darüber hinaus auch noch Freund des Regisseurs war.

So was animiert! – half ihm aber wohl kaum weiter.

Das Einzige, was ich durch Zufall und auch nur ein einziges Mal mitbekam, war, dass *Gina* mit gewissen Situationen gut umzugehen wusste: Wenn sich die Macher unseres Films später am Abend versammelten, um gemeinsam zum Essen zu fahren, wartete sie ab, bis der letzte Filmer in den Bus gestiegen war, rannte dann wie zufällig auf die noch geöffnete Bustür zu, um irgendwo da drinnen noch 'nen Sitzplatz zu ergattern.

Und sie hatte Glück, denn ich sah, dass man die Bustür zuwarf, abfuhr und kein Mensch stand noch dort, wo gerade eben der Bus losfuhr!

Ich vermute, dass Gina damit die Basis schuf, allabendlich mit unseren Machern zu dinieren.

Daraus entwickelte sich eine Art von Normalität, wie mir dann irgendwann mal einer unserer *Kreativen* erzählte: „Gina saß seitdem bei all unseren Fahrten völlig gelockert aufm Schoß vom Strofan".

Wobei der *Strofan* unser Aufnahmeleiter war, der mir zwar immer etwas schüchtern erschien, aber wenn ich das jetzt alles so höre, schien er auf keinen Fall kontaktarm gewesen zu sein: wie sollte er auch – bei seinem doch recht angenehmen Äußeren. „Solche Automatismen schweißen Menschen zusammen": *Statement* von einem der 7 oder 8 allabendlichen Businsassen!

Nun, ich war nie dabei und würde mich hüten, dem netten Finanztypen irgendwas *von* ´nem gelben Pferd zu erzählen.

Der Finanzier zu mir:

„Wenn sie dann um Mitternacht erscheint, begründet sie das mit wichtigen Besprechungen für den nächsten Drehtag".

Da ihm das alles mehr als spanisch vorkam, beauftragte er kurz entschlossen eine Privatdetektei, die herausfand, dass es sich seine *Gina* zumindest bei zehn Fahrten im voll besetzten Minibus der Filmproduktion und dort auf dem Schoß unseres Aufnahmeleiters Herrn Strofan gemütlich machte. Auch in den immer wechselnden Restaurants waren die zwei sich bestimmt nicht fremd: wovon ihm Fotos vorlagen!

„Verehrter Jeff Roden, könnten Sie mir da weiterhelfen, wie so was zustande kommt – *Strofan weiß doch* mit Sicherheit, *wen* er da auf seinem Schoß sitzen hat?"

Ich konnte dem mir nur flüchtig bekannten Finanzier in diesem für ihn sehr brisanten Fall leider auch nicht weiterhelfen, informierte ihn aber insofern, „dass mir zu Ohren kam, dass dem Strofan aufgrund seiner freundlichen Persönlichkeit in Kooperation mit seiner Stellung als engagierter Aufnahmeleiter innerhalb einer Filmproduktion solch spielerische Kontaktaufnahmen ab und zu begegneten.

Und ich sähe da eher 'ne Art von künstlerischem Zusammenhalt innerhalb gut funktionierender Dreharbeiten.

Dass Menschen in solch arbeitsintensiven Situationen dann auch mal auf neckische Spielchen sowohl im Bus als auch während langer Gespräche bis kurz vor Mitternacht zurückgriffen: Darin sah ich nun auch keinerlei böse Absicht, weder vom *Strofan* noch von seiner *Gina*! So was passiert ja nicht nur beim Film, kann aber immer mal wieder *Aufmerksamkeit* erregen".

Der eigentlich sehr honorige Cofinanzier unseres Films beendete dann ziemlich abrupt unser Gespräch: „Okay, wollen wir das nicht weiter vertiefen – Sie hören von mir!"

Dann legte er auf, ohne Adieu zu sagen.

Ich wollte nun zügig weiterschlafen, drehte mich aber automatisch von einer zur anderen Seite, da mich die innere Unruhe dieses Mannes doch schon berührte.

Das Einzige, was mir dazu einfiel, war, dass unser Filmteam einige verdammt gutaussehende Typen in seinen Reihen hatte.

Dass da einer unserer *spacigen* Stars bei seinem immensen Arbeitspensum schwächelte und eine Bettaffäre dazwischenschob, erschien mir derart idiotisch, da er dadurch unseren gesamten Film gefährdete!

Dieser eben geschilderte VORFALL war aber erst unserer Filmtragödie Anfang, sozusagen – ein weiterer tat sein Äußerstes!

Und auch dieses Mal hörte ich erst mal nur leises Gemurmel hinter vorgehaltenen Händen, dass unsere Finanzen von Tag zu Tag mehr in die Knie gingen und Mitarbeiter der Produktion ausschwärmten, um neue Geldgeber an Land zu ziehen!

Derweil drehten wir lustig weiter, ja bis dann doch eines schönen Tages die Macher unseres Filmes sich final und auch richtungsweisend zusammensetzten, um stundenlang darüber zu palavern, was konkret zu machen sei.

Was dann so durchsickerte, war, dass für die letzten Tage unserer Produktion nicht mehr genug Geld vorhanden sei.

Die Zeit drängte und Entscheidungen mussten getroffen werden.

Und genau an diesem Punkt machte irgendwer aus unserer Produktionsspitze einen Riesenfehler, indem er nicht selbst zu *Götz George* ging und ihm ehrlich darlegte, um was es ging – nein, sie schickten e*inen* unerfahrenen Assistenten zu Herrn George, der sich und unsere Produktion durch ungeschickte *Äußerungen* in akute Gefahr brachte:

„Herr George, unsere Produktion hat sich ein wenig verkalkuliert und macht aus ihren noch verbleibenden drei Drehtagen einen einzigen!" "

Als ich das später erfuhr, war ich sprachlos und dachte intuitiv an das Genie „Albert Einstein" und eines seiner Zitate: **„Zwei Dinge sind unendlich, das Universum und die menschliche Dummheit – aber bei dem Universum bin ich mir noch nicht ganz sicher."**

„Götz" hörte sich mehr als verwundert die Message des Assis an und sagte ihm, dass er umgehend entweder den Regisseur oder die Produktionsleitung sprechen müsse – womit der eingeschüchterte Assistent von dannen zog.

Als sich im Laufe der nächsten Stunden niemand beim „Star" meldete, machte der sich auf den Weg in die Produktionsräume!

Auf seine Fragen und Forderungen bekam er nicht *eine* ernst zu nehmende Antwort – und damit brachen dann aber auch wirklich alle Dämme:

Herr George machte sich innerhalb der riesigen Wohnung in der Knesebeckstraße an die *etwas andere* Arbeit, öffnete nach und nach alle Zimmer und Schränke, um vielleicht wenigstens einen der vielen Produzenten dort aufzuspüren.

All dies bekam, ob der hörbaren Unruhe um ihn herum, einer der vielen kleineren Co-Produzenten unseres Films mit, der sich gerade an der Melodie des rauschenden

Wassers erfreute, das er in ein wirklich großes Marmorbad einlaufen ließ.

Durch *Götz'ens* Stimme aufgeschreckt, bekleidete sich unser schmächtiger Geldjongleur notdürftig mit 'nem winzigen Handtuch und floh in den größten Schrank der Altbauwohnung, wo er erst mal sitzen blieb und scharf darüber nachdachte, ob es möglich sein könnte, dass ein *Star* sich an verschlossenen Schränken vergreift, um einen scheinbar flüchtigen Filmfinanzier dort drinnen zu ergreifen.

Allerdings war zu diesem Zeitpunkt Herr George am anderen Ende der Wohnung schon dabei, alles, wirklich alles zu durchsuchen; und, um mich kurzzufassen, das Schicksal nahm seinen Lauf:

„Götz" öffnete nach wenigen Minuten natürlich auch den nur auf den ersten Blick sicheren Zufluchtsort unseres schmalbrüstigen Co-Produzenten: Wen er da sah, überraschte ihn kaum, denn er reichte ihm seine rechte Hand, um ihm zu helfen, der Enge des Schrankes entsteigen zu können.

Danach erklärte Herr George all den neugierig herumstehenden Produktionsangestellten, warum sie nun ihre Koffer packen und sich auf den Weg nach Hause begeben sollten.

Der Kernsatz seiner Rede war: „WARUM redet euer Arbeitgeber nicht mit mir direkt, wenn euch ein paar Euros fehlen?

Sagt all euren schlauen Typen, dass sie sich das nächste Mal was Besseres einfallen lassen sollten, wenn sie jemanden verarschen wollen ..."

Mehr sagte dieser **wunderbare** Kollege namens *Götz George* n i c h t, drehte sich um und verließ die Räume ebenso schnell, wie er sie betreten hatte – und unser Film war „Geschichte!"

Ab sofort hatte sich die ganze Angelegenheit erledigt: Der Hauptfinanzier und seine Frau Gina lösten sich ebenso wie mein Kollege *Götz George* in Luft auf!

Dass keiner unserer Macher mit Götz persönlich redete, werde ich nie in meinem Leben vergessen und schon gar nicht verstehen: Denn einzig *er* war der Mann, mit dem man Pferde stiehlt:

Mit „Götz" im Boot, hätte man auch den Verlust unseres Hauptgeldgebers verkraftet und den Film triumphal beendet!

Da bin ich mir zu 100 % sicher!

Außerdem hatten wir noch 'nen millionenschweren Pokerspieler als Filmverleiher im Hintergrund ...
Was solls, die Chose war erledigt!

Traumatisiert, aber mit ausreichend Proviant an Bord, segelte ich nur wenige Tage später auf einem mir von 'nem Freund geliehenen Segelboot mutterseelenallein und acht Tage lang im spiegelglatten Mittelmeer umher.

Das einzige, neben all meinen Gedanken und Träumen, was ich zu meiner Unterhaltung bei mir hatte, war mein Lieblingsroman von Henri Alain-Fournier: „Der große Meaulnes".

Bis heute ist "Der große Meaulnes" für mich das schönste Buch, das ich kenne: Vielleicht wegen der Erwähnung des Schriftstellers, dass sein Held ein Mensch ist, dessen Kindheit zu schön war.

Auch kann ich berichten, dass ich es nach nur einer relativ kurzen Zeitspanne schaffte, mich auf den Holzplanken eines geliehenen Segelboots abzukoppeln von dieser desaströsen Filmaffäre – und mir stunden- und tagelang den tiefblauen, wolkenlos mediterranen Himmel anzuschauen, in mich aufzusaugen und dabei *die* Zeit zurückzuholen, die wohl zeitlebens ‚*die Welt in mir verzauberte* ‘:

„Es war *der* Zeitraum, in dessen engen Grenzen wir Augenblicke und Momente erlebten, die uns glauben ließen, dass FILM so was Ähnliches wie ein *fantastisches Märchen* sein kann.

Unsere *fiktive* Geschichte um das ‚*Brünette Gift* ‘ herum war für uns 16 filmverrückte Habenichtse wie eine Urkunde, verliehen, um uns zeitlebens an *die* Zeit zu erinnern, die wir rückblickend ,*Zeit des wahren Glücks*' nennen dürfen."

Dieser kleine Film noir-Kurzfilm von 29 Minuten war es, der unsere gesamte Nation mitnahm auf eine Reise, die für *Jeff Parc* eine lebenslange werden würde.

Andere Filme kamen, die mir etwas bedeuteten – aber nur einer hielt in etwa Schritt mit unserem *Schülerfilm*: „*Der Fall Boran*" – *Philip Boran auf dem Weg in den Tod* – von dem ich später ausführlich berichten werde!

An diesem Punkt angekommen, erinnerte ich mich an den Gedanken eines schlauen Menschen, der uns wissen ließ:

„Solange es das Geld gibt, kann es mit dieser Welt nichts werden!"

Wenn ich diesen für mich epochalen Gedanken übertrage auf unser **Brünettes Gift**, fällt mir auf, dass diese ja eigentlich total geldlose Filmaffäre voller begeisterter *Jugendlichkeit nur einen wahren Sieger hervorbrachte:* Die Menschlichkeit, mit der wir ob unseres Erfolges Hunderte, wenn nicht Tausende von Schülerfilmern unserer Nation glücklich machten – und deren Eltern, oft sehr arm, endlich einen Hoffnungsschimmer am Horizont erkannten, der sie wenigstens für Stunden „Glück" empfinden ließ.

Final vereinten sich all meine Gedanken in diesem einzigartig mediterranen Blau des Himmels.

Jeffs Boot war das kleine ganz links. Photo: Jeshu John

P.S.

Ich hoffe, dass ich all die abenteuerlichen Ereignisse dieses Star-besetzten Filmes noch halbwegs aus ihrem jahrzehntelangen Tiefschlaf hervorzaubern konnte …

Eine kleine Erfolgsstory

Foto: 472301/pixabay

Eine engagierte Filmproduktion, die alles aufs Spiel setzte, um einen dokumentarischen Film mit dem Titel „Halluzinationen" – *man fühlt, sieht, riecht und hört Dinge, die nicht vorhanden sind* – zu realisieren, geriet in Schwierigkeiten!

Schon mitten im Film teilte der Managing Director allen Beteiligten mit, immerhin an die 20 Menschen, dass man sich bezüglich des Budgets verkalkuliert hatte, den Film für den Moment stilllegte und das bisher sehr gute Filmmaterial gewissen Stellen, auch staatlichen, vorführte, um an ausreichende Gelder zur Fertigstellung zu gelangen.

Den Film einstampfen ... kam nicht infrage!

Wir beschlossen einstimmig, einen benötigten, zusätzlichen Betrag von unserer Gage abziehen zu können. Unsere Produktionsfirma hatte Glück: Eine staatliche Stelle gab aus einem Fördertopf alles noch benötigte Geld und erhielt dafür irgendwelche Rechte, mit denen unsere Produktion sehr zufrieden war.

Wir setzten unsere Dreharbeiten nach vier Monaten fort – und final waren die „Halluzinationen" ein überwältigender Erfolg im Hinblick auf ihre Zielgruppe.

Fazit: Solche Fälle sollten nicht ständig passieren – aber wenn die Filmemacher ehrlich und überzeugend argumentieren, ist das absolut okay! Auch ich, der sehr selten zu Premieren ging, war dabei – und sah rundum nur *glückliche Menschen*.

Clker-Free-Vector-Images/29581 Bilder

Eine sizilianische Affäre

Arles – **Provence, France – Foto: Frank Eiffer**

In Arles, mitten in der Provence, drehte ich vor Jahren mit 25 Kollegen aus aller Herren Länder einen kleinen, aber anspruchsvollen Psychokrimi, dessen zwei Hauptdarsteller sich verhielten, als seien sie ganz alleine und dazu noch irgendwo auf einer kleinen Privatinsel in der Karibik.

Das war eindeutig des Guten zu viel – selbst beim Film!

Eine solche Konstellation versprach „Drama pur!"

Involviert waren drei Künstler, zwei davon Schauspieler: Ein Franzose aus Paris, eine Französin aus Marseille: unsere beiden Stars. Der Ehemann der Französin war unser sizilianischer Star-Kameramann ‚Matteo' aus Palermo, der, in die Enge getrieben, einem Showdown wohl kaum auswich!

Ich bin kein Regisseur, dachte aber bei mir: Wenn die Regie hier nicht bald eingreift – knallt's in Kürze an allen Ecken und Enden!

Na ja, könnten Sie jetzt sagen, solche Spielchen seht ihr Schauspieler doch bestimmt des Öfteren.

Mag sein, aber bestimmt nicht vor der Kamera eines vielleicht sehr empfindlich reagierenden Sizilianers!

Hier stand ein knallharter Showdown vor der Tür – nur: Wo, wann und wie *was passierte*, wusste natürlich keiner.

Das Drehbuch notierte für einen der nächsten Tage 'ne kleine, verträumte Liebesszene zwischen dem „*Snob aus Paris*" und Matteos Frau, die der Regisseur seinem Kameramann nicht zumutete und stattdessen Lino, den Kameraassi, ins Gefecht schickte!

Matteo sollte derweil 'nen Flug nach Nizza buchen, um dort ein paar sehr anspruchsvolle Drehtage „*kameratechnisch*" vorzubereiten.

Dass sich Flüge immer mal wieder „verspäteten", hatte bisher noch nie einen echten Italiener interessiert.

Und so nahm alles seinen *sizilianischen* Lauf: Nach einem kurzen Gespräch mit *sehr* engen Freunden in Palermo, saß der gewünschte *Helfer* Stunden später schon im Flugzeug, um dort oben in der Provence seinem Landsmann zur Hand zu gehen.

Wir befanden uns inzwischen in *der* Nacht, an deren Ende morgens um 11 Uhr das im Drehbuch stehende *Liebesspiel* seiner Frau mit dem *Pariser* Franzosen stattfinden sollte.

Cool, und auf alles vorbereitet, saßen derweil der uns unbekannte Spezialist aus Palermo samt Matteo in einem geräumigen SUV – und genossen ihr nächtliches Picknick auf dem Parkplatz *jenes* Hotels, in dem Matteo mit seiner Aurora, so heißt seine Frau, schon seit Wochen residierten.

Und es geschah, wie es Matteo vorausschauend erwartete: Der liebestrunkene französische Dandy machte nicht mal Halt vor *dem* Bett, in dem er, Matteo, als stolzer Sizilianer seine Nächte mit Aurora verbrachte.

Welch eine Demütigung für einen „*Italiano Vero*": Was nichts anderes heißt als „*einen echten Italiener.*"

Es war an der Zeit, eine derartige *Pariser* Respektlosigkeit hart zu bestrafen.

Kaum hatten Matteo und sein Freund aus Palermo die ersten Schlucke Wein genossen, als auch schon das neueste Jaguar Modell mit Pariser Kennzeichen auf den Hotelparkplatz einbog.

Lautlos näherte sich der Mann aus Palermo dem Jaguar, öffnete dessen Beifahrertür, um in weniger als zwei Minuten den Hauptdarsteller eines Psychokrimis für lange Monate der Handlungsunfähigkeit zu übergeben.

Danach schauten Matteo und sein Helfer noch ein letztes Mal rüber zum Jaguar und seinen weit geöffneten Türen, sodass der nächste Autolenker, der dort parkte, sich garantiert dem offenen Luxusschlitten näherte, um zu sehen, warum da beide Türen offen standen.

Matteo war am nächsten Morgen schon mit seiner Kamera in Nizza aktiv, sein nächtlicher Partner trank mit seinen Freunden den ersten Espresso am alten Hafen in Palermo – und sein Regisseur hatte nichts Besseres zu tun, als ihm, seinem Kameramann, mitzuteilen: Die Dreharbeiten waren auf unbestimmte Zeit verschoben, da Unbekannte in der Nacht den französischen Hauptdarsteller in seinem Jaguar überfallen und ihn auf unbestimmte Zeit arbeitsunfähig hinterlassen hatten. Für einen *Snob aus Paris* eine fürchterliche Bestrafung.

Nur Stunden später sahen wir unseren Kameramann im feudalen Spielcasino von Nizza an einem voll besetzten Tisch „**französisches Roulette**" spielen.

Matteo hatte bereits alles verspielt – und sein Blick war ausdruckslos wie selten bei einem so ideenreichen, stolzen Sizilianer.

Das sah seine *unverkrampfte* Tischnachbarin ähnlich, eine junge Dame von vielleicht Mitte dreißig, und schob ihm eine zum Spielen ausreichende Geldsumme rüber, begleitet von einem stimulierenden Satz: „Seien Sie kein Schwächling und spielen Sie cool weiter als sei nichts geschehen – denn ich sehe voraus, dass Sie das Casino glücklicher verlassen werden, als sie es betreten haben!"

Da er selbst nicht kapierte, was da grad mit ihm geschah – und ihm so 'ne Geschichte eh niemand glaubte – spielte er erst mal mit dem ja quasi geliehenen Geld wortlos weiter, bis sich auch das komplett in Luft auflöste.

Als er dann auch noch registrierte, dass seine nicht nur apart aussehende, sondern auch sehr hilfsbereite „Nachbarin" das Weite gesucht hatte, blieb ihm nichts anderes übrig, als ebenfalls diesem „Ort der Geldvernichtung" *Adieu* zu sagen. Niedergeschlagen und frustriert schlich Matteo aus dem Casino, bat dann aber noch den erstbesten Angestellten, ihm bitte ein Taxi zu rufen.

Er selbst legte erst mal auf den Stufen des Casinos eine Ruhepause ein, als wenige Minuten später und leise schnurrend ein dunkelblauer Bentley vorfuhr, die ganz in weiß gekleidete Fahrerin ein paar Schritte auf ihn zu machte, wobei sie die rechte, hintere Tür des eleganten Wagens öffnete und sagte: „Verehrter Herr, Sie werden schon sehnsüchtig erwartet – bitte steigen Sie ein."

In diesem Moment trafen sich Blicke, die nicht hätten *faszinierender* gedeutet werden können.

Seite an Seite mit der Modedesignerin „Blanche" ging es in deren *verzaubertes* Landhaus nahe Nizza.

Während der Fahrt erfuhr er, dass die Lenkerin des Wagens nicht nur die festangestellte *Chauffeuse* war, nein, dieselbe Person, Madame Berchet, war auch die alleinige Herrscherin betreffs aller Handlungsabläufe in diesem verträumten Landhäuschen. Da konnte man nicht meckern ...

Der Höhepunkt ihrer folgenden Erkundungen war ein ganz naturbelassener: Matteo und Blanche erkannten innerhalb ihres ersten Jahres, dass nichts mehr ohne den anderen ging!

Und so geschah es, dass die zwei fortan ein unzertrennliches Paar waren.

Da weder Aurora noch Matteo in der Zwischenzeit verblödeten, beendeten sie nach einem geschätzten Jahr ihre totale Funkstille und schafften es, sich gemeinsam mit ihren neuen Partnern zusammenzusetzen: Matteos Ex „*Aurora*" samt ihrem immer noch als Schauspieler agierenden Gerard aus Paris und auf der anderen Seite seine aparte *Blanche* und er selbst, um alles friedlich und in französisch-sizilianischer Ruhe zu klären, was es zu klären gab.

Bei der gemeinsamen Vergangenheit keine leichte Aufgabe:

18 Jahre Ehe und 2 Mädchen zusammen großgezogen stand auf der Habenseite: Dann kam der Film in Arles und mit ihm der totale Absturz.

Bei allem guten Willen musste dann doch noch ein kleiner Rest an Unstimmigkeiten vom Gericht in Palermo geklärt werden.

Photo: Free pic – der Gerichtssaal in Palermo.

Aber das Wichtigste erreichten *wir* in absoluter Einstimmigkeit:

Jeder von uns fand sein neues Glück auf eine kaum vorstellbare, ja mehr als wundersame Art und Weise!

Fantasie

Eine symbolische Erzählung.

Wer von uns Schauspielern träumt nicht ein Leben lang vom verwunschenen Schloss in den Wolken, in dem seine Traumrollen samt seiner Traumfrau versteckt sein könnten.

Foto:

Ohne Rücksicht zu nehmen auf selbst die abenteuerlichsten Träume, packen wir am nächsten frühen Morgen wie fremdbestimmt unsere Fotomappen zusammen, um dann irgendwann später in einer Einbahnstraße zu landen, an deren Ende wir in einem *kleinen, gleichwohl sehr schönen* Schlösschen unser heutiges Filmcasting vermuten.

Um des Schlösschens fein ausgearbeitete Holz-eingangstür herum scheint schon eine ziemlich heftige Diskussion im Gange zu sein.

Als wir uns dann selbst inmitten einer Ansammlung von Kollegen wiederfinden, und die in sehr gut lesbaren Schriftzeichen angebrachte Aufschrift studieren, wissen wir, *wem* die Stunde geschlagen hat:

Das für heute angesetzte Film-Casting musste kurz-fristig abgesagt werden!

Keine weiteren Notizen waren vermerkt – der verhexte Besitz schien uns allen inzwischen ‚unbewohnt'.

Foto: Randy Tarampi

Tod im Film

– Aus der Sicht des Schauspielers *Jeff* –

Da der Tod an sich im Film nicht *darstellbar ist*, verlagert sich alles um ihn herum auf die Ebene der Darstellungskunst des jeweiligen Schauspielers.

Hat *er* das natürliche Potenzial, seinen Filmtod in einer Art und Weise darzustellen, der dem Publikum etwas an die Hand gibt, was es in die Lage versetzt, sowohl die Todesreise als auch den „*Moment des Schauspielertodes*" mitempfindend zu begleiten, um am Ende des Filmes mit einer „Vision vom Tod im Film" das Kino zu verlassen, von der man nicht weiß, ist sie „Realität, Fantasie oder nur ein Traum?"

Kunst im Kino

Pier Paolo Pasolini

Kino wird für *mich* immer Unterhaltung sein – und, wenn es gut kommt, vereinzelt auch mal Kunst.

Ich setze keine Menschen in Kinosäle, um ihnen Kunst beizubringen, sondern um ihnen Geschichten zu erzählen.

Eine meiner Lieblingsgeschichten ist die von Pier Paolo Pasolini mit dem Titel „*Accattone*" – italienisches Kino in seiner besten und reinsten Form.

Pier Paolo Pasolini gehört zu den wenigen, die mit ihrem *Erstlingswerk* gleich ein *Meisterwerk* auf die Leinwand zaubern.

Er erzählt uns die Geschichte von Vittorio, von allen nur „*Accattone*" genannt, der, egal was er anpackt, nur scheitert.

Pasolini besetzt „*Accattone*" mit Laiendarstellern aus römischen Vororten, die nichts anderes im Sinn haben, als über Dinge zu palavern, von denen sie nichts verstehen – ja, Pasolini liebt diesen Umgang und die Umgebung der Tagelöhner und kleinen Diebe.

Viele rufen: „Ich will zum Film"

– eine lebenslange Freundschaft begann –

Dauerhaft beim Film zu landen, erscheint mir ähnlich schwierig, wie Käse in die Schweiz (zu) rollen.

Photo: pedro figueras

Ich kann mir vorstellen, dass es viele Möglichkeiten gibt, sich dem Phänomen *Film* zu nähern: Für einen der gefragtesten Hollywood-Darsteller der heutigen Zeit war es zum Beispiel ein Hähnchen-Kostüm, in dem er für eine Fast-Food-Kette in L.A. herumhüpfte.

Dieser Typ hatte mit absoluter Sicherheit galaktische Begabungen – ansonsten wird aus einem *„Hähnchen-Kostüm-Träger"* kein Weltstar!

Meine Theaterzeit war bisher aufregend, spannend und großartig – dennoch rebellierte da einer in meinem Hirn herum, der mich immer wieder an meinen süßen Traum von den unabhängigen Filmern erinnerte, von denen ich mir ja irgendwann einmal eine coole Rolle in einem *Film noir* erhoffte.

Um diesen Traum Realität werden zu lassen, hatte ich zumindest exakt 29 Minuten Film mit dem vielversprechenden Titel ,*Brünettes Gift*' in der Hand, für den sich doch wenigstens ein, zwei oder vielleicht sogar drei junge, aufstrebende Filmer interessieren sollten, mit dem oder denen es sich lohnte, gemeinsame Filmträume in Angriff zu nehmen.

Monate später, ich steckte gerade mitten in neuen, aufregenden Theaterproben, als mich ein irgendwie bizarrer Anruf erreichte, von dem ich zuerst dachte, er käme von der französischen Botschaft in Wien, denn der Anrufer sprach wienerisch und nannte sich ,*Henri Georges de Beaumarchais*.'

Mein spontaner Gedanke war: Das wird doch hoffentlich kein adliger *Headhunter* sein, der nichts anderes im Sinn hatte, als mich an Adelshäuser zu vermitteln, um in deren Burgen und Schlössern einmal im Monat die Tragödie von ‚König Lear' aufzuführen, der seine Macht und sein Land an zwei seiner drei Töchter vererbte.

Zum Glück zerstreute der Henri-Georges meine waghalsigen Bedenken abrupt, indem er mir mitteilte, dass seine Freundin Mila, eine Belgierin und gleichzeitig Managerin einer renommierten Filmproduktion, das Brünette Gift sah und ihn informierte, sich ʻnen Typen namens Jeff mal näher anzusehʻn.

Er selbst sei so was wie ein Kameramann und der engste Freund des zurzeit in München lebenden Starschauspielers *Ulli Lommel*, der in den nächsten Monaten seinen Erstlingsfilm als Regisseur mit prominenter Besetzung in und um München herum drehte.

Jetzt hatten wir es: Henri-Georges lud Jeff nach München ein, um mich dem Star Ulli Lommel persönlich vorzustellen.

Henri-Georges: „Kennst du den Ulli Lommel?"

Jeff: „Wer kennt den nicht, der spielte doch schon mit vier Jahren an der Seite seines Vaters Theater, dann selbst mit 17 am renommierten Renaissance-Theater Berlin – und ab da folgte Film auf Film, etc., etc."

Was aber Freunde und mich wirklich begeisterte, war ein Film mit ihm in der absoluten Hauptrolle: *„Zwei ganze Tage – wir wollen uns ein Luftschloss bauen"*, die Verfilmung einer Komödie vom Franzosen *Sacha Guitry*

– eine deutsch-französische Produktion; Regie: der Oscar-Preisträger *Marcel Ophüls* – Oscar für ‚*Hotel Terminus*‘.

Die Besetzung: ein Traum: Sabine Sinjen, **Ulli Lommel**, Ernst Stankowski – Originaltitel: FAISONS UN RÊVE.

Viele Monate später öffnete mir *jemand* die Tür eines erfrischend unscheinbaren Bungalows in München, der kein anderer war als jener *Henri-Georges de Beaumarchais:* höchstpersönlich.

Dieser lustige Typ sah aus wie ein Bewohner aus einem der kleinen Mafia-Orte in den sizilianischen Bergen: Alleine schon deshalb war meine lange Anreise von Bonn-Bad Godesberg nach München ihr Spritgeld wert – und außerdem war unsere Begrüßung nichts anderes als: ‚*filmreif*‘.

Danach gings ohne Verzögerung ins ‚*Tohuwabohu*‘ im Künstlerviertel Schwabing, wo dieser kleinere Sizilianer ein Heimspiel hatte: Er kannte dort ungewöhnlich viele Filmfreaks, m/w, und *alle* kannten ihn!

Was mich dann aber doch ein wenig erstaunte, war die beeindruckende Zahl an wirklich blendend aussehenden Teens und Twens, die *Henri-Georges* regelrecht umlagerten – in etwa so, als hätte er gerade eine Art von Film-Oscar der Stadt München gewonnen!

Henri-Georges war ob dieser Situation nichts anderes als „abgelenkt" – und sein neuer Freund *Jeff Parc* akzeptierte ihn so, wie er war, spazierte zur Bar, um sich mit seinem damaligen Lieblingsgetränk, dem trockenen Martini, erst mal vollzuballern.

Schließlich beschäftigte ich mich noch kurz vorm ‚Tohuwabohu' circa acht lange Stunden von Bonn – Bad Godesberg nach München mit einer alles andere als windschlüpfrigen, aber aufgrund des wenigen Sprit- verbrauchs bei Studenten und jungen Theaterschau- spielern sehr beliebten französischen Automarke mit dem Kosename: ‚die Ente' oder der ‚Döschwo' oder der ‚2CV'!

Dass in der Zwischenzeit der „Maskenball der Künstler" erst so richtig Fahrt aufnahm, bekam ich schon nicht mehr mit: Denn bei meinem Wiedereintritt in die reale Welt, befand ich mich schon in der Mitte des nächsten Tages.

Der Ort meines Erwachens war eine der drei wirklich hässlichen Couchen in Lommels gemietetem Bungalow.

Bevor ich nach München kam, sagte ich Monsieur de Beaumarchais, dass wir nur sieben Tage Theaterferien hatten – und inzwischen waren vier davon Vergangen- heit.

Von unserem herbeigesehnten Star Ulli Lommel war weit und breit nichts zu sehen – doch, einmal erschien er spät abends, um Henri-Georges irgendwelche Infos mitzuteilen, das war's.

Okay, wenn einer seinen ersten großen Film drehte, kann schon mal der Planet beben – und außerdem wusste ich ja nicht, was „*de Beaumarchais*" mit seinem Kumpel *Ulli Lommel* betreffs meiner Person überhaupt vereinbart hatte.

Ich nahm auch diese Art von Verzögerung lässig wie alles andere auch – und ging selbst zum Angriff über: „Sag mal, Henri, wie wär's mit zwei, drei verträumten *Jeff'schen* Slapstick-Nummern, die ich dir in deine Kamera zaubere – und dich bitte, das Resultat umgehend deinem Freund vorzuspielen.

Wenn uns auch das nicht weiterhilft, mach ich morgen früh den Abflug in mein Theater."

Kaum hatte ich das ausgesprochen, tanzte auch schon der Adlige ‚*de Beaumarchais*' aus schierer Freude um mich herum und rief mir ins Ohr: „*Komm, lass dich umarmen, ich bin begeistert, wie cool du selbst einen echten Star herausforderst.*"

Mein Plan ging auf! Der umjubelte Ulli Lommel frühstückte am nächsten Morgen das erste Mal in meinen Tagen im Bungalow mit seinem Freund Henri-Georges, seiner Schauspieler Frau und mir – und fragte mich dabei – mehr oder weniger en passant – : „Wenn du Lust hast, komm doch mit uns nach Ibiza, ich lad dich ein und schreib dort ein Drehbuch für dich."

Das war genau mein Stil, nicht dämlich *rumzueiern* – sondern *irgendwas* locker *rauszuhauen*!

Eins muss ich noch loswerden, bevor ich's vergesse: Dieser *Ulli Lommel hatte etwas, was für den Beruf des Schauspielers ‚unbezahlbar'* ist: *Ein* fotografisches Gedächtnis, was nichts anderes heißt, als dass er zum Beispiel einen fetten Packen DIN-A4 Seiten ein paar Minuten durchlas, ich ihn danach abhörte und nicht einen Fehler registrierte!

So geschehen, als wir unseren ersten Film zusammen drehten: Ulli führte Regie, ich spielte den *Angestellten eines Vampirs*. Direkt nach Abschluss unserer Dreharbeiten, Herr Lommel hatte da schon durch all die luftig-kalten Nachtdrehs so um die 41 Grad Fieber, spielte er an einem renommierten Schauspielhaus die Hauptrolle des *Bibi* im gleichnamigen Theaterstück von *Heinrich Mann* – Regie: Rainer Werner Fassbinder.

Ulli Lommel hatte also nur sehr wenig Zeit, diese riesige Rolle *während* unserer Dreharbeiten auswendig zu lernen!

Folgt man dem Lockruf des Zufalls, wie ich hier in München, braucht es vor allem eins: 'ne *natürliche* Coolness samt einer *Prise an Menschenkenntnis*, um die „Dinge des Lebens" in 'nem angenehm-furchtlosen Stil zu meistern. Deshalb mein Rat an all die, die ihn hören möchten:

Photo: photosforyou

Ulli Lommels

Weltweiter *Kultfilm*

„Die Zärtlichkeit der Wölfe"

Eine Rainer Werner Fassbinder Produktion

„Jeff und der V A M P I R "

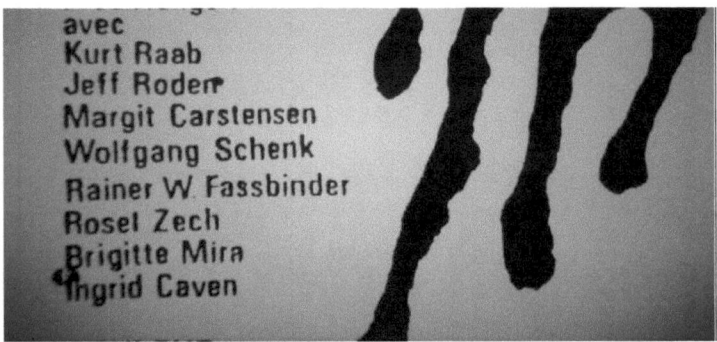

avec
Kurt Raab
Jeff Roden
Margit Carstensen
Wolfgang Schenk
Rainer W. Fassbinder
Rosel Zech
Brigitte Mira
Ingrid Caven

Photoarchiv: Jeff Roden

Ich spielte in diesem Film als **Jeff Roden** den Angestellten eines Vampirs.

Zufällig fiel mir kurz vor der Abgabe meines Buches an den Verlag noch eine US-Kritik von *„Jay McRoy"* – Professor für Anglistik und Filmwissenschaft an der Universität in Wisconsin – in die Hände: hier ein kurzer Auszug daraus:

„Vielleicht eines der visuell und emotional überzeugendsten Produkte des neuen Kinos, des ‚Neuen Deutschen Kinos‘, ist Ulli Lommels ‚**Zärtlichkeit der Wölfe‘**.

Photoarchiv: Jeff Roden

Ein wirklich bemerkenswerter Film, der eine weitaus größere und kritische Aufmerksamkeit verdient, als er sie bisher erlangt hat."

Synopsis:

Fritz Haarmann, ein ehemaliger Metzger, bekommt es mit der Polizei zu tun und wird von ihr in die Pflicht genommen: Er soll sich im ‚Milieu‘ umhören. Niemand ahnt, dass der harmlos wirkende Mann ein lange gesuchter Serienmörder (der Vampir) ist.

Das Drehbuch schrieb Kurt Raab, der glatzköpfig auch die Hauptrolle des Mörders spielte. Die historische Vorlage wurde vom Hannover der 20er Jahre ins Ruhrgebiet der Nachkriegszeit verlegt. Dort wurde der Film auch gedreht, hauptsächlich in Gelsenkirchen, unter anderem auch im alten Hauptbahnhof, der heute abgerissen ist. Der Film lief im Wettbewerb der

Berlinale, 1973, und wurde seinerzeit zu einem viel diskutierten Kinoerfolg.

Wenn man das alles liest, kann schon mal die Frage aufkommen: „Wie in aller Welt schaffte es der junge Theaterschauspieler Jeff Parc aus der Provinz hinein in eine ‚Rainer Werner Fassbinder' Filmproduktion?"

Nun, nichts anderes als der pure Zufall – zusammen mit dem legendären Filmglück – ließ mich zwei caffè (Espressi) mit den Herren Fassbinder und Lommel in Paris nehmen.

In die Wege geleitet hatte das kurze ‚Paris'-Abenteuer mein neuer Freund Ulli Lommel, dem R. W. Fassbinder die Regie zu seiner Produktion „Die Zärtlichkeit der Wölfe" übertragen hatte.

Die Besetzung war gigantisch: ausnahmslos Theater- und Filmstars.

Noch nicht besetzt war die Rolle eines jungen Typs, der den *Angestellten* des *Vampirs* darstellen sollte.

Die Macher der Geschichte, die in Zeiten von Hunger, Not und Entbehrung spielen sollte, suchten wohl nach einem unbekannten, smarten Schauspieler, dem sie zutrauten, ein wenig von seiner natürlichen Ausstrahlung und Lässigkeit abzugeben.

Auch sollte er keinerlei Angstzustände bekommen, wenn die Welt der Stars um ihn herum das eine oder andere Mal auch ihn „herausforderte!"

Bewerber gab's im Überfluss – aber anscheinend keinen, der den Star Ulli Lommel mit seiner anderen Art von Lässigkeit nicht nur in München, sondern auch wochenlang auf Ibiza überrascht hatte ... Und genau der sollte es sein – wohnte der nicht in Amsterdam?

Daraufhin kontaktierte mich der Ulli und einige Tage später saß ich in einem Straßencafé auf Montmartre in Paris den zwei Ausnahmekönnern „Rainer Werner Fassbinder" und dem Ulli Lommel gegenüber.

Das war dann aufgrund der vielen Termine von Herrn Fassbinder ein Treffen von ein paar Minuten – an dessen Ende der Superstar neben mir stand, mir kurz seine Hand auf die Schulter legte und cool sagte: „Wir seh'n uns in Deutschland wieder, Jeff."

Übrigens: Unser Treffen hatte mit einem Film Casting so viel zu tun wie eine Tonne, die irgendwo in China umfiel!

Dass ich hier in eine Art von melancholischem Vampirfilm mit expressionistischen Stilelementen geriet, war reiner Zufall – bemüht hätte ich mich ehrlich gesagt **nie** für solch ein Filmgenre.

Nun lag es an mir, den Angestellten eines Vampirs ohne Schaden für mich selbst – und bis ans Ende des Drehbuchs – zu spielen.

Was ich in diesem Streifen spielte, war die mehr oder weniger zweite Hauptrolle: den Mini-Ganoven Hans Grans – im weißen Anzug plus weißer Schuhe.

Wer das Filmgeschäft kennt, weiß, dass so eine Aktion, einen Unbekannten ins Haifischbecken der Stars zu werfen, nicht alltäglich zu nennen ist.

Warum?

Nun, mir vis-à-vis standen all die berühmten Fassbinder-Stars: ausnahmslos gestandene Theater- und Film erprobte Schauspieler, von denen einige, wie ich hörte, nicht besonders amüsiert waren ob des Fremden auf ihrem Hoheitsgebiet – denn der eine oder andere männliche Akteur aus der Truppe hätte schon sehr gerne meine Rolle gespielt, wie Ulli mich beim Cappuccino wissen ließ.

Einer der jüngeren, männlichen Schauspieler nahm da wohl die Verantwortung in seine Hände und revoltierte beim Regisseur, warum denn nicht er meine Rolle spiele – und: „Den Jeff Roden kennt doch eh keiner!"

Okay, da hatte der Typ natürlich recht: Mich kannte keiner – tatsächlich hatte ich es auch nie darauf angelegt, dass mich Leute kennen müssen.

Ich liebte den Zufall – und das eine oder andere Mal liebte der Zufall mich: So cool verlief im Grunde genommen meine komplette Filmkarriere.

Hier, in dieser hochkarätig besetzten Fassbinder Produktion, entschieden sich die Macher nun mal für mich als den, der im weißen Anzug samt weißer Schuhe den Angestellten eines Vampirs performte!

Sorry, lieber Kollege.

Solche Interventionen, wie die des jungen Schauspielers beim Regisseur, sind derart lächerlich, gehören aber anscheinend zu den *Events*, die sich innerhalb von Filmproduktionen voller Stars und wohl auch Möchtegernstars immer mal wieder abspielen.

Ulli Lommel wusste, warum er mich über die lange, lange Zeit unserer Freundschaft einen *lone wolf* nannte: Was nichts anderes heißt als, ein *Einzelkämpfer* zu sein.

Wie schon erwähnt, mich kannte keiner am Set – außer *Ulli* ein wenig und *Rainer Werner Fassbinder* noch ein bisschen weniger – und beide fanden mich passend für die Rolle.

Was der Regisseur mir dann nach nur wenigen Drehtagen erzählte, erfreut jeden jungen Mimen sehr: „*Rainer Werner Fassbinder* spricht ab und an mit mir über dich und deine Rolle hier – hört sich gut an."

Zu dieser Zeit schlichen *Haarmann* und ich schon durch die Gelsenkirchener Hinterhöfe:

was wir dort als Schrott weggeworfen vorfanden, war oftmals noch funktionstüchtig – wie zum Beispiel Fahrräder, die irgendwo herrenlos herumstanden.

Wir versuchten ganz einfach, alles an den Mann zu bringen: Holzkleiderbügel, Anzüge, *Bohnen in Dosen* oder mal Säcke voller Zwiebeln für die Küche in einem verfallenen Hinterhofhaus.

Photoarchiv: Jeff Roden – Jeff mit den Bohnen in der Dose

Damals war ein unscheinbares Grau die mehrheitliche Kleiderfarbe – was die Macher unseres Films vielleicht dazu veranlasste, mich in einen weithin sichtbaren, weißen Anzug samt weißer Schuhe zu stecken, um den kleinen Gaunereien von *Haarmann* samt seinem Angestellten *Jeff* vielleicht eine coole Nonchalance zu verleihen.

Als Beigabe für *Jeff* war dieser weithin leuchtende Anzug auch ein perfektes Outfit, um potenziellen Freundinnen zu signalisieren: Hier spielt die Musik – hier wird mein sauer verdientes Geld verpulvert.

Zu meiner Rolle:

„Den Angestellten eines abgezockt dominanten Serienkillers zu spielen, war nicht dasselbe, wie mal kurz ein leckeres italienisches Himbeereis während einer gemütlichen Drehpause zu lutschen!"

Nach intensivem Studium des Drehbuchs erkannte ich, dass es meiner Rolle gefiele, wenn ich sie sympathisch, entspannt und wenn die Situation es erlaubte, auch schon mal fies performte.

Die Nonchalance meines Spiels war dem *Star des Films* vielleicht einen Tick zu souverän, denn wie aus dem Nichts heraus unterbrach er mein Spiel mit den Worten: „Ulli, so kann der Jeff das doch nicht spielen!"

Wenn Sie wollen: eine Unverschämtheit *ersten Grades* gegenüber einem Kollegen.

Ich dachte da in der ersten Sekunde an einen Scherz des Vampirs – oder eventuell auch an einen zu heiß getrunkenen **Morgenkakao** unseres Hauptdarstellers - als auch schon der Regisseur dazwischenging und uns allen verkündete, dass der Vampir, Jeff und er selbst zu 'ner kleinen Besprechung die Räume wechselten!

So frei heraus, wie mich der Star unseres Films schon am Drehort attackierte, so locker setzte er dies nun auch in unserer kleinen Dreiergruppe fort, bis mir dann doch noch der Kragen platzte, ich ihm direkt in die Augen schaute und Folgendes süffisant vorschlug:

„Herr Raab, Sie sind ein derart herausragender Schauspieler und zweifelsfrei der Star unseres Films: Ich dagegen bin hier auf unserem *Vampir-Schachbrett* nicht mehr und auch nicht weniger als ihr cooler Angestellter – allerdings im weißen Anzug plus weißer Schuhe.

Und was sagt uns das?

Nun, wer dermaßen bekleidet keine Freude lebt, muss bescheuert sein – und sollte Ihnen meine Performance wirklich nicht gefallen, schlage ich vor, Sie setzen sich 'ne Perücke auf und spielen derart verkleidet neben ihrer Hauptrolle auch noch meinen abendfüllenden Part im weißen Anzug, der dann halt nur ein wenig umgeändert werden müsste.

Sie spielen dann quasi 'ne Doppelrolle auf höchstem Niveau – das ist dann Schauspielkunst in Perfektion!

Ich starte dann im Gegenzug sofort nach Amsterdam, wo mich meine bezaubernde Freundin Henriette eh schon sehnsüchtig erwartet.

Und – nicht zu vergessen – wir beide profitieren dann optimal von diesem spektakulären Rollentausch!"

Hier nun erkannte unser Regisseur, dass ich das Gesagte ernst meinte und warf Geniales in unsere kleine Runde: „Lieber Kurt (Raab), ich habe Jeff engagiert, da er für mich ein intuitiv cooler Schauspieler ist, von dem du nie weißt, wohin uns seine Mimik in der nächsten Einstellung ‚entführt' – das sind dann oftmals ‚Blicke', die man hierzulande selten zu sehen bekommt.

Das mag für die, die auf diese Art des Filmschauspielens weniger sensibel reagieren, ungewöhnlich sein, ist aber für mich als Regisseur ein großer künstlerischer Gewinn."

Auf diese Regieansage hin blieb unser Star verdächtig ruhig.

Ich hatte ja zu Anfang dieser Episode orakelt, dass Ulli Lommels Aktion, mich als total unbekannten Schauspieler in eine Art von Haifischbecken zu werfen, riskant sein könnte.

Und: Ich traf damit genau ins Schwarze, denn die Produktion hatte ganz offensichtlich vergessen, all die berufenen und jungen Nachwuchskräfte zu informieren, dass die „*Rolle im weißen Anzug*" bereits vergeben war!

Dass ich dann aber gleich zwei Schauspielern als Zielscheibe diente, war nichts anderes „als eine konzertierte Aktion": Sorgfältig abgestimmt, geplant und in dem Sinne ausgeführt: Den hauen wir jetzt mal gemeinsam in die Pfanne!

Als direkt Betroffener musste ich mich da schon mal fragen: Was in aller Welt treibt Schauspieler dazu, Kollegen, mit denen sie die nächsten Wochen tagtäglich vor der Kamera stehen, derart zu provozieren?

Wie dem auch sei: Ich gab meine Antwort „ruhig und garniert mit einer Prise an parodistischer Provokation."

Haarmann langweilte mich dann allerdings im weiteren Szenenablauf mehr und mehr, da er aus meinem Interesse an der wunderbaren Weiblichkeit und all den aufregenden Abenden drumherum eine Staatsaffäre machte – und sich bei all seinen Freunden nicht nur beschwerte, dass ich mein Geld mit den Mädels zum Fenster rauswarf, nein, darüber hinaus jammerte er mir auch noch persönlich die Ohren voll.

Während all meiner Abende mit der hinreißenden Damenwelt wendete sich das Blatt dramatisch schnell:

Aus Haarmanns Wohnung drangen zunehmend angsteinflößende Schreie, die die Nachbarn um ihren Schlaf brachten – und diese die Polizei vehement aufforderten, hier sofort und gründlich nach dem Rechten zu sehen.

Auf meine Fragen, was sich hinter den nächtlichen Schreien verbarg, schaute mich Haarmann nur verdutzt an.

Eine Antwort blieb er mir schuldig.

Nach den Polizeiverhören war klar, dass mit Fritz Haarmann etwas Gravierendes nicht stimmt – man stelle eine Spezialeinheit zusammen, die ihn wenig später auf frischer Tat ertappte.

Endlich war dem Morden ein Ende gesetzt, der Vampir gefasst!

Als grausamer Serienkiller, der er war, verurteilte man ihn zum Tode.

Ein Film wie dieser benötigt nicht nur hervorragende Schauspieler, nein, auch der *Kameramann* samt seinem Team muss außergewöhnliche Fähigkeiten besitzen, um eine derart abgedrehte, expressionistische Vampir-Story erzählen zu können.

Unser Mann an der Kamera war *Jürgen Jürges*, der unter anderem vor vier Jahren den „Marburger Kamerapreis 2016 bekam."

Ebenso ist er Mitglied der Deutschen Filmakademie.

Am Ende unserer 24-tägigen Dreharbeiten – wobei irgendwie auch die Nächte zu Tage mutierten – waren alle im Team sowohl *groggy* als auch überglücklich, *künstlerisch* alles gegeben zu haben.

Nicht sehr lange nach Drehende lief unser Film dann als *offizieller deutscher Beitrag auf der Berlinale in Berlin, einem* der drei größten Filmfestivals auf diesem Planeten, wo er kontrovers diskutiert wurde.

Da unser Film ganz offensichtlich einige dieser typisch deutschen Diskussionen nicht mochte, begab er sich direkt nach dem Ende der *Berlinale* auf eine weltweit sehr erfolgreiche Reise, die ihn aufsteigen ließ zu *der* Sorte Film, die man *Kultfilm* nennt.

Die weltweiten Kritiken waren in alle Richtungen hin ähnlich stürmisch wie das Wetter auf dem Planeten Saturn – aus diesem Grund bleibe ich exklusiv bei den US-Kritiken, die für mich allesamt den Nagel auf den Kopf trafen – zuerst auf Deutsch, dann auf Englisch für den Rest der Welt.

Roger Ebert – der bedeutendste Filmkritiker der USA – bewertete den Film mit 2,5 von 4 Sternen und nannte ihn „ein böses kleines Melodrama, reißerisch und gruselig und manchmal an wahnsinnigen Humor grenzend.

Es ist die Art von Film, die wir vielleicht nicht gerade genießen, aber wir würden nicht rausgehen."

Vincent Canby von der New York Times gab dem Film eine positive Bewertung und lobte die Leistungen, die Kinematografie und die Regie des Films.

Dennis Schwartz von Ozus' World Movie Reviews verlieh dem Film die Note A und nannte ihn „eine böse, unterhaltsame, aber erschütternde Geschichte".

Er lobte den expressionistischen Stil, die Regie und die Leistung von Kurt Raab.

Chris Coffel von Bloody Disgusting lobte den Film für seine historische Genauigkeit und unkonventionelle Erzählung und erklärte, dass es wohl Lommels bester Film sei.

Die US-Kritiken im Original:

Roger Ebert – the most important film critic in the USA – rated the film 2.5 out of 4 stars, calling it " a nasty little melodrama, lurid and creepy and sometimes bordering on demented humor. It's the kind of movie we may not exactly enjoy, but we don't walk out on."

Vincent Canby of The New York Times gave the film a positive review, commending the film's performances, cinematography, and direction.

Dennis Schwartz from Ozus´ World Movie Reviews awarded the film a grade A, calling it "A wickedly entertaining but harrowing tale"; praising the film's expressionistic style, direction, and Raab's performance.

Chris Coffel from Bloody Disgusting, praised the film for its historical accuracy, and unconventional narrative, stating that it was arguably Lommel's best film.

Nachfolgend noch einige Anmerkungen zur „Zärtlichkeit der Wölfe".

Info: Vor den Dreharbeiten zu *Zärtlichkeit der Wölfe* war Ulli Lommels einzige Überlegung, *mir* ein Schauspieler Pseudonym für *die* Filme anzuheften, die wir beide zusammen drehten. Da mich Namen eh nie interessiert hatten, firmierte ich ab da in einigen meiner Filme als *Jeff Roden* (*screen name*).

Die „Zärtlichkeit der Wölfe" ist weder eine Dokumentation noch wirft der Film die Frage auf, wie jemand zum Serienkiller wird – Lommels und natürlich auch Kurt Raabs Film orientiert sich stattdessen exklusiv am expressionistischen Vampirfilm.

Dass ihnen das gelang, ist mit ein Hauptverdienst des Kameramanns *Jürgen Jürges*, der Bilder auf die Lein-wand zauberte, die ,*Film noir* ' Format hatten: sozusagen ,höchstes Niveau' erreichten.

Der aufsehenerregende Kriminalfall des Vampirs – Fritz Haarmann – aus den Zwanzigerjahren diente einigen Büchern, Filmen – in einem spielte *Götz George* den Haarmann – und Umsetzungen in andere Kunstformen als Vorlage.

Eine interessante Besprechung las ich zum Beispiel hier:

cmv-laservision.de, eine Firma mit Sitz in Berlin, die unter anderem Kult- und Trashfilme im Programm hat, schreibt "Die Zärtlichkeit der Wölfe" ist das *Meisterwerk* von Fassbinder-Intimus *Ulli Lommel* um den ‚serial killer' Fritz Haarmann, einem der großen Kriminalfälle des 20. Jahrhunderts. Lommels Film ist inzwischen zu einem internationalen *Kultfilm* geworden. Die New York Times schrieb: "Wunderschön und sehr überzeugend."

Auf unserer Vorstellungstour durch Deutschland, auf der Ulli Lommel, Kurt Raab, Margit Carstensen (Bundesfilmpreis) und ich, als *Jeff Roden,* zur Stelle waren, fragte ein Kinobesitzer unseren glänzenden Hauptdarsteller Kurt Raab, was ihn an dem Stoff gereizt habe, worauf Herr Raab antwortete:

„Ich hatte das Buch von Theodor Lessing über den Massenmörder Haarmann gelesen und fand dessen Person psychologisch äußerst interessant – eigentlich ein netter Mensch."

Ein junger Journalist fragte dann noch neugierig: „Wie ist das denn so, wenn man einen Massenmörder performt?" – Worauf Herr Raab parierte:

„Dazu kann ich nur sagen, dass ich während der Dreharbeiten keinen umgebracht hatte. Mir ging es weder um Dokumentation noch um Sozialkritik, ich wollte einen Film drehen, den sich die Leute ansehen und unterhaltend finden, wenn sie wollen."

Mit einer freundlichen Referenz vor dem Regisseur Ulli Lommel fügte der Hauptdarsteller noch hinzu: „Ulli wäre beinahe nicht mit auf unsere Vorstellungstour gekommen, weil überall steht: Ein Film von Rainer Werner Fassbinder - Dabei ist es ganz ein Film von Ulli Lommel."

Freepik: upklyak

Und was wohl keiner für möglich hielt: ‚*Zärtlichkeit der Wölfe*‘ hob tatsächlich *steil* vom Boden ab.

Kritiker-Besprechungen zu meiner Rolle in „Zärtlichkeit der Wölfe":

„Der Ganove Hans Grans – gespielt von Jeff Roden – agiert: edel, lässig und unverschämt frech."

Was mich dann noch freudig überraschte, war, dass eine namhafte, in Berlin lebende Filmkritikerin aus London schrieb: *„Jeff Roden* spielt den Angestellten des Serienkillers in einer derart coolen Art und Weise, dass ich mich fragte, warum ich diesen Typen noch nie in anderen *deutschen* Filmen oder im Fernsehen gesehen hatte."

Dann spekulierte diese Filmliebhaberin aus Großbritannien noch wie folgt: „Ich vermute, dass *Jeff Roden* nicht wirklich in die deutsche Film- und Fernsehlandschaft passt – I'm sorry, aber was anderes fällt mir dazu nicht ein – i*ch hätte diesen Typen gerne öfters gesehen!"*

Die Kritikerin brachte es auf den Punkt:

„Jeff Parc passte vom Naturell her nicht in die Schauspieler Architektur Deutschlands: Seine Spielplätze waren andere, wie zum Beispiel Rom, Madrid, Palermo, Andalusien, Barcelona, etc. – oder auch Los Angeles und Palm Springs, wo er bei Freunden in deren Regie-Anfangsjahren auch einige Male die eine oder andere Rolle spielte.

Professionell in den USA als Schauspieler zu arbeiten, interessierte Jeff nicht." Okay, soweit die zwei Kritiken betreffs meiner Rolle in dem weltweiten Kultfilm „Zärtlichkeit der Wölfe".

– Zärtlichkeit der Wölfe –
in Paris
– La tendresse des loups –

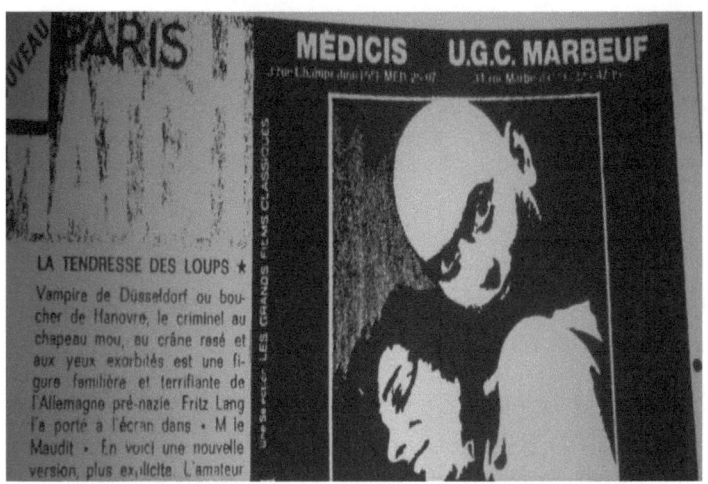

Fotoarchiv: Jeff Roden

Die **Internationalen Filmfestspiele Berlin**, kurz **Berlinale** genannt, sind ein jährlich in Berlin stattfindendes Filmfestival.

Sie zählen neben denen von *Cannes und Venedig* zu den wichtigsten Filmfestivals und gelten als eines der weltweit bedeutendsten Ereignisse der Filmbranche.

Nach der *Berlinale* zog es unseren Film direkt und ohne Umwege in eine der großen Metropolen dieser Erde: nach **Paris**, wo er *unfassbare* zwölf Monate in zwei renommierten Kinos in der City lief: im *Medicis* und im *U. G. C. Marbeuf* auf der „*Avenue des Champs-Élysées*":

Fotoarchiv: Jeff Roden

Seit Langem gehört unser Film in Frankreich zu den **Les Grands Films Classiques** – *was nichts anderes heißt als zu den „großartigen, klassischen Filmen".*

Die französische Kritik schrieb u. a., „dass unser Regisseur Ulli Lommel einen Film vorlegte, der atmosphärisch nicht nur an die Dracula-Filme erinnerte, sondern auch an Fritz Langs ‚M' – eine Stadt sucht einen Mörder."

Läuft ein Film ein Jahr lang ununterbrochen in Paris, wird er selbstverständlich aufs NEW YORKER FILM-FEST eingeladen, wo ihn Andy Warhol – der bekannteste *Pop Art Künstler* unseres Planeten – sah und spontan sagte: „I want to sit at the table with this director, talk, and make movies afterwards!"

Andy Warhol: „Mit diesem Regisseur, gemeint war *Ulli Lommel*, möchte ich am Tisch sitzen, reden, und danach Filme drehen!"

Anmerkung: Neben dem *New Yorker Filmfest* ist das 1957 gegründete „San Francisco International Film Festival" das älteste und renommierteste internationale Filmfestival der USA.

Mein (weltweites) ***Lieblingsfestival:***

die **Internationalen Filmfestspiele von Cannes** – französisch *le* ***Festival de Cannes*** – zählen zu den weltweit bedeutendsten Filmfestivals. Sie werden seit 1946 jährlich im Mai an der Côte d'Azur veranstaltet. Hauptveranstaltungsort in Cannes ist das Palais des Festivals et des Congrès.

Foto: hermann traub/pixabay – FESTIVAL DE CANNES

photo: pascvil – cannes – côte d ' azur

New York – Los Angeles

Zärtlichkeit der Wölfe

– Tenderness of the wolves –

Andy Warhol, der wohl bedeutendste Vertreter der Pop-Art, trifft **Ulli Lommel** in New York City.

Lang ist es her, da schrieb die „New York Times" über einen gerade angelaufenen deutschen Film, „er erinnere an *Andy Warhols* Arbeiten, nur besser sei er."

Das ließ *Warhol* nicht ruhen. Er sah sich „*Zärtlichkeit der Wölfe*" an und lud daraufhin den Regisseur zum Essen nach New York ein.

Ulli kam aus Paris zu einem denkwürdigen Rendezvous: Wer da alles am Tisch saß, um mit ihm über „Film" zu reden – eigentlich nur in der Unbegrenztheit der USA vorstellbar:

Der Pop Art Weltstar *Andy Warhol*, Ulli Lommel, *Truman Capote*, der „*Frühstück bei Tiffany*" schrieb und insgesamt 300 Millionen Bücher verkaufte, *Bianca Jagger: ,Ex-Frau'* von Mick Jagger, Rolling Stones – und **Jackie Kennedy***:* Ehefrau des 35. US-Präsidenten John F. Kennedy.

Andy Warhol wollte wissen, was Lommel als Nächstes plane.

Lommel, auch als Profi äußerst smart, erinnerte sich blitzartig, dass es da im fernen Italien so was wie die „Commedia dell'arte" gab – so um das 16.-18. Jahrhundert herum.

Info:

Die „*Commedia dell'arte*" ist eine volkstümliche, italienische Stegreifkomödie – also eine Komödie, bei der die Schauspieler die Möglichkeit freier Improvisation haben – deren Stücke auf karg ausgestatteten Bühnen von Berufsschauspielern gespielt wurden, die keinen Text lernten, sondern innerhalb der vorgegebenen Szenenbeschreibung weitgehend improvisierten. Da es keinerlei Dialoge gab, konnten die Komödianten zum Beispiel massive Gesellschaftskritik üben und mussten dabei nicht fürchten, umgehend von der Zensurbehörde verfolgt zu werden.

Und – *Simsalabim* – erfand Ulli *ohne jegliche Vorbereitung* die Geschichte über eine bildhübsche Journalistin und einen jungen Punksänger.

Drei Monate später begannen die Dreharbeiten zu „*Blank Generation*" mit dem französischen Star **Carole Bouquet**, dem US-Punkrocker *Richard Hell*, mit Lommel und Warhol in Nebenrollen – und last but not least mit der hinreißend charmanten *Suzanna Potter Love* – das ist ihr richtiger Name –, die kurz darauf Ulli Lommel heiratete.

Einige Zeit später drehte das Duo *Lommel-Warhol* einen zweiten Film, den sie „*Cocaine Cowboys*" nannten, in dem der Hollywood-Star **Jack Palance** die Hauptrolle spielte und sehr gute Kritiken bekam.

Dann, nach etwa drei Jahren in New York City, schlug die Stunde des Abschieds und auf dem folgenden, faszinierenden Roadtrip nach L.A. überfielen Ulli abstrakte Träume, die ihm so noch nie begegnet waren. Weiteres weiß ich darüber nicht ...

Apropos: Andy Warhol nannte Ulli „den deutschen Cowboy"; und das genau war er – zumindest was das schnelle Schießen betraf: Er schoss wie einst **Billy the Kid** aus der Hüfte heraus auf *die* Ziele, die es für ihn als einem der letzten, unabhängigen Filmer zu treffen galt.

Das waren dann zum Beispiel finanziell überschaubare Filmproduktionen, insgesamt über 50 an der Zahl.

Wie ich meine, hatte er die Perfektion darin, mit überschaubaren Summen *Filme zu drehen*, von Deutschlands Superstar *Rainer Werner Fassbinder* gelernt, der schon zu Anfang seiner Karriere ein Perfektionist auch im Hinblick auf das Machbare war!

So ausgebildet startete Ulli in den Beruf des Filmregisseurs mit seinem Erstling „Haytabo", für den er aus nur zwei Stunden Rohfilm einen circa 75-Minuten-Film bastelte!

Als Schauspieler kann ich dazu nur sagen, dass bei einer solchen Drehweise fast jede Einstellung beim ersten Versuch sitzen muss.

Und genau so setzte er seine Arbeit in L.A. fort und schaffte etwas, was keiner für möglich hielt:

Sein größter Erfolg *„The Boogeyman "*, der sich ganze 4 Wochen lang an der Spitze der US-Kinohitparade gehalten hatte; eine Mischung aus „Halloween" und „Exorzist", mit relativ kleinem Budget produziert und gereift zu einem weltweiten Kultfilm.

Die Hauptrollen im *Boogeyman* spielten: *Suzanna Potter Love,* ihr Bruder *Nicholas Love, John Carradine und Ron James; wobei Suzanna und Nicholas Love sehr gute Kritiken bekamen.*

Inhaltsangabe zum „Boogeyman":

Die beiden Geschwister Lacey und Willy werden von traumatischen Kindheitserinnerungen verfolgt. Für Lacey gibt es nur einen Weg, den Albträumen endlich zu entkommen: Sie kehrt an den Ort des Schreckens, der sie heute noch verfolgt, zurück.

Doch dies stellt sich als schrecklicher Fehler heraus, denn das Grauen, dass sie bis dahin nur in ihren Gedanken verfolgte, wird plötzlich furchtbare Realität.

Ein atemloser und grausamer Kampf ums Überleben beginnt.

Private L. A.-Info:

Meine Besuche bei *Suzanna und Ulli* am Santa Monica Boulevard in L. A. waren immer ein Highlight: Zu faszinierend ist diese *gigantische* Stadt mit all ihren erstklassigen Museen, in denen man Tage verbringen kann.

Wer Bewegung sucht, findet diese bei Radtouren entlang traumhafter Sandstrände und/oder auf malerischen Wanderungen in den Hollywood-Hills.

Wo es die Lommels und mich auch ab und an hinzog, war ein Ort namens *„Palm Springs"* in der Sonora-Wüste: Man sagt von Palm Springs, *dass es „lässig, sonnig und queer sei."*

Von Hollywood-Partys kann ich dagegen nicht berichten, da ich in all den Jahren lediglich einmal an so einem Ort mit Ulli aufkreuzte: Wenn ich mich recht erinnere, traf er dort 'ne Übersetzerin.

Über **Hollywood** zu seiner Zeit sagte der italienische Starregisseur **Michelangelo Antonioni,** als er von dort kam: „Das ist, als sei man im Nirgendwo und rede mit niemandem über nichts."

Foto: Alexas_Fotos

2010: Das „Exground" Filmfest in Wiesbaden

„exground filmfest 23 wiesbaden 12-21 nov 2010"

Wiesbadens ältestes Filmfestival gehört zu Deutschlands wichtigsten Veranstaltungen für *internationale, unabhängige Produktionen.*

„Erstmals in seiner 20-jährigen Festivalgeschichte widmet das **exground filmfest** einem Künstler eine Hommage: Vorhang auf für acht Filme mit dem international gefeierten Schauspieler, Drehbuchautor und Regisseur **Ulli Lommel**, der mit einigen seiner Werke Filmgeschichte geschrieben hat:

Dazu gehören sicherlich „Liebe ist kälter als der Tod" – mit Ulli Lommel in der Rolle eines eiskalten Gangsters in *Fassbinders* Erstling – als auch „Die Zärtlichkeit der Wölfe" – Lommels internationaler Durchbruch als Regisseur.

Weiterhin die beiden von *Andy Warhol* produzierten Kultfilme „*Blank Generation"* mit einer fantastischen *Carole Bouquet* als *Star* aus Paris und „*Cocaine Cowboys"*, u. a. mit Hollywood-Star Jack Palance, der ausgezeichnete Kritiken für seine Rolle bekam.

Stilbildend wirkte Lommel auch mit seinem Horrorthriller „*The Boogeyman"*, seiner kommerziell erfolgreichsten Regiearbeit.

Die Hommage wird abgerundet mit einer Lesung von *Ulli Lommel* aus seiner *Autobiografie „Zärtlichkeit der Wölfe – Begegnungen"* in der Wiesbadener Wartburg und der Eröffnung seiner Ausstellung „American Foto-Novelas" in der *art gallery* Wiesbaden."

Die Presse:

Wiesbaden (dpa/lhe)

„Mit einer Hommage für *Ulli Lommel* nimmt das diesjährige *Exground Filmfest* einen der vielseitigsten Figuren des deutschen Films in den Blick."

„Eine Hommage, die erste überhaupt seit der Gründung dieses fantastischen Independent Filmfestes ‚Exground', ist dem deutschen Multitalent Ulli Lommel gewidmet, der sich als Filmemacher, Fotograf und Buchautor präsentieren wird."

Info – Independent Films:

Schauen wir uns mal gemeinsam an, was es auf sich hat mit der Bezeichnung *„Independent Films"*:

Schon um das Jahr 1920 herum gründeten die damals führenden Filmer in USA – Chaplin, Griffith, Pickford und Fairbanks Sr. – eine Filmgesellschaft, die sie „United Artists" (UA) nannten: Was nichts anderes heißt als „Vereinte Künstler."

Diese sollten den Vertrieb unabhängiger Film-produktionen abseits der strikten Regeln der großen Filmstudios ermöglichen.

Die bekanntesten Filmer wie *Orson Welles*, *Nicholas Ray* und *Samuel Fuller* wollten ihre künstlerischen Visionen unabhängig vom Einfluss anderer umsetzen.

Hollywood gefiel dies gar nicht, was zur Folge hatte, dass diese Künstler sich das benötigte Geld für ihre Filmprojekte sonst wo in der Welt beschafften, oft auch in Europa.

Inspirationsquelle für all diese Künstler war ab den Siebzigerjahren primär „*John Cassavetes*", ein US-amerikanischer Regisseur, Drehbuchautor, Produzent und Schauspieler aus New York City; in Frankreich waren es *François Truffaut*, *Jean-Luc Godard* und Freunde, die alle ihre Drehbücher selbst schrieben und gleichzeitig auch Regie führten.

Große Beachtung fand auch der Italiener *Roberto Rossellini* mit seinem kompromisslosen, italienischen Neorealismus.

Im Amerika der Siebziger stachen besonders zwei Namen heraus, die die Unabhängigkeit auf ihre Fahnen hefteten:

Francis Ford Coppola und *George Lucas*, die eigene Studios und Firmen gründeten.

Von den beiden konnte nur *Lucas* seine Unabhängigkeit bewahren und somit all seine *Star Wars Filme* alleine kontrollieren – während *Coppola* sich bis heute nur noch mit Auftragsarbeiten über Wasser hält.

Zurück zum Wiesbadener *Exground-Festival*:

Filme aus Lateinamerika stehen im Fokus des 23. Independent Filmfestes Exground in Wiesbaden.

Vom 12. bis 21. November 2010 werde zudem ein besonderes Augenmerk auf das noch weitgehend unbekannte Filmland ‚Philippinen' gelegt, kündigten die Veranstalter an.

Insgesamt würden 220 Höhepunkte aus dem aktuellen Angebot unabhängig produzierter Kurz- und Langfilme gezeigt.

Die Produktionen aus 42 Ländern – darunter zahlreiche Premieren – deckten ein großes thematisches und stilistisches Spektrum ab.

Ein junger Pressevertreter schrieb:

„Ulli Lommel kam aus den USA nach Wiesbaden angereist, wo seine Filme im *Kulturpalast* präsentiert wurden.

Leider lief der Film „Zärtlichkeit der Wölfe" viel zu spät, sodass ich den guten Mann lediglich bei der Vorstellung sehen durfte, und kurz vor Beginn des späteren

Interviews leider geschwind den Raum verlassen musste. Sehr schade."

Für ein solches Ereignis musste *Jeff Parc* natürlich auf der Matte stehen – und so reiste ich per Auto von Amsterdam an.

Aufgrund *Ullis* sehr enger Terminplanung trafen wir uns direkt in der „art gallery" Wiesbaden, um gemeinsam seine *Andy-Warhol-Ausstellung* zu genießen.

Nach einem vorzüglichen Wiesbadener Essen gings dann in ein vollgepacktes Kino – in dem die Andy Warhol Produktion „*Blank Generation*" auf uns wartete.

Ein aufregender Tag ging zu Ende und meine Erinnerung an diesen ist die, dass die Festival-Initiatoren hier in Wiesbaden einen Mann ehrten, Ulli Lommel, der sein Leben lang seiner Devise treu blieb:

Bleibe ‚independent' – unabhängig! –, denn nur dann bist du Herr dessen, was du auf die Leinwand bringen möchtest.

Chapeau - diesem Festival und seinen Initiatoren!

Fucking Liberty!

Ulli und seine US-Theatershow in Berlin

A new stage production
from the director of
THE BOOGEY MAN

Review by:
Bill Krohn

Fotoarchiv: Jeff Roden/Jeff Parc

2013 brachte Ulli eine von ihm in L.A. entwickelte Theatershow mit nach Berlin, in die Stadt, in der man schon unseren Film *„Zärtlichkeit der Wölfe"* sehr kontrovers diskutiert hatte.

Auf der Basis seiner *Autobiografie „Zärtlichkeit der Wölfe"* hatte Ulli an der Volksbühne Berlin einen Abend gestaltet, der **3-D-Film und Theater** miteinander verband.

Ich zumindest war erwartungsvoll: Was dagegen deutsche Medien aus ihren doch manchmal leicht verstaubten Hüten hervorzauberten, stand auf einem anderen Blatt!

Warum?

Nun, alleine schon der US-Titel „*Fucking Liberty!*" schien mir geeignet, unverzüglich die Kritiker-Tasten in einen hypernervösen Zustand zu versetzen.

Und wie vermutet, langweilten mich, den Jeff Parc, auch dieses Mal fast alle deutsche Kritiken – und so schien es mir hilfreich, abrupt zu einem US-Kritiker zu wechseln, dessen Rezension mich regelrecht vom Hocker riss: dieser Amerikaner heißt **Bill Krohn** und sitzt bei Film- und Theaterdiskussionen an der renommierten **„Harvard-University**" im Expertenkreis auf dem Podium.

Info: Bill Krohn

Die IMDb – Internet Movie Database – schreibt:

Bill Krohn, seit 1978 Hollywood-Korrespondent des einflussreichen, französischen Filmmagazins „Cahiers du Cinéma", Paris, France.

Info:

„**Cahiers du Cinéma** („Kino-Hefte") ist eine französische Filmzeitschrift, die seit April 1951 monatlich erscheint und ihren Geschäftssitz in Paris hat. Erste Chefredakteure waren André Bazin und Jacques Doniol-Valcroze. Viele der jungen Autoren des Magazins wurden später zu Regisseuren der Nouvelle Vague („Neue Welle") – auch daher besitzt das Filmmagazin bis heute großes Ansehen."

Bill Krohn ist ein prominenter Spezialist für die Filme von Orson Welles und Stanley Kubrick. Er ist auch Autor von „Hitchcock au travail" (1999), das in englischer Übersetzung als „Hitchcock at Work" (Phaidon Press, 2000) erhältlich ist.

IMDb – Internet Movie Database – *Original:*

The American author and critic *Bill Krohn* has been the Hollywood correspondent for the french influential movie magazine „Cahiers du Cinéma" since 1978. Bill Krohn is a prominent specialist in the films of Orson Welles and Stanley Kubrick. He is also the author of „Hitchcock au travail" (1999), available in an English translation as „Hitchcock at Work" (Phaidon Press, 2000).

Da ich als langjähriger Theater Fan noch nie eine Kritik eines Theaterstückes oder einer Theatershow las, die mich derart faszinierte wie die von *Bill Krohn*, möchte ich Ihnen, liebe Leserinnen und Leser, diese – sowohl auf Deutsch als auch auf Englisch – natürlich nicht vorenthalten:

Berlin besuchen - *translated by internet*:

„An den Theatern langweilte ich mich ziemlich bei ‚*Das Himbeerreich*‘, einer allzu berechenbaren und typisch deutschen Interpretation von Bankern, die schlecht geworden waren.

Ich war leicht unterhalten, schlief aber letztendlich in Komische Oper's ‚**Rise and Fall of Mahagonny**‘ ein und ich wollte weiter nach Warschau, um herauszufinden, warum Aaron, mein Nachbar, der fast in Auschwitz verschwand, immer noch keine deutschen Worte hören konnte und warum er sich weigerte, mit mir auf diese Reise nach Berlin zu gehen.

An dem Tag, als ich geplant hatte, nach Polen zu reisen, entdeckte ich ein Poster eines Stückes mit einer „amerikanischen Flagge" auf einem abgenutzten Boxhandschuh namens **Fucking Liberty!** – mit einem Ausrufezeichen – und ich fragte mich, was zum Teufel das ist, was dort los ist und wer die Freiheit zerstört?

Passend dazu spielt es in der **Volksbühne** am Rosa-Luxemburgplatz und wurde von **Ulli Lommel** geschrieben und inszeniert, dessen eher teutonischer, aber nie weniger brillanter Serienmörderfilm „**Tenderness of the Wolves**" – *„Zärtlichkeit der Wölfe"* – mich bis heute verfolgt.

Ich entschied mich, meine Reise zu verschieben und mir *Fucking Liberty* anzusehen!

Das Theater selbst ist zweifellos einer der schönsten Orte, die ich je gesehen habe, man riecht Geschichte, wenn man diesen Tempel der Finsternis, des Unter-Gangs und der Rebellion betritt – im Obergeschoss befindet sich eine seltsame gelbe Tonne mit Polaroid Bildern, die Andy Warhol in einer 360-Grad-Reise um den Pop Superstar zeigen, die Lommel während seines Aufenthalts in der *Warhol-Fabrik* gemacht hatte.

Popmusik der 60er und 70er Jahre lädt Sie ein, Platz zu nehmen. Das Set ist ein gigantisches und beängstigendes Gesicht von Mickey Mouse, die Augen sind stockdunkel wie ein Halloween-Trick und der Mund wurde in eine riesige Rasierklinge verwandelt, alles vom szenischen Genie *Bert Neumann*, der auch mit Lommel an der Warhol-Installation gearbeitet hat.

Dann plötzlich enthüllen Dunkelheit und die Lippen der Maus einen Trauerzug, Michael Jackson wird zur Ruhe gelegt, begleitet von allen Ikonen, die Lommel für seine grässliche Nacht erfunden hat, darunter die untote Marilyn Monroe, Jackie Kennedy, Erich von Strohheim, Angela Davis, Big Boy Caprice, eine verrückte G.I. Band im Stil der 40er Jahre und vier sexy und geschäftige schwarze Hip-Hop Küken, die als SM-Schwestern verkleidet sind.

Robin, Batmans Sidekick, erzählt uns, dass Amerika nie sterben wird, und um seine Theorie zu beweisen, steht Michael Jackson mithilfe seiner schwarzen Sistas und der amerikanischen Popband von den Toten auf und reanimiert sich zum Beat von Billie Jean.

Es ist Lommel selbst als Michael und man fragt sich, welche Art von Drogen dieser Mann nehmen muss. Er ist Ende 60, hat aber die schnellen, schlangenartigen Bewegungen eines Rockstars Mitte 30.

Der Abend brüllt wie ein Learjet in das hinein, was als ‚500 Jahre Amerika in 100 Minuten' bezeichnet wird: ein Werbespruch direkt aus Illustrierten und von Warhol selbst.

Lommel gibt den Entertainer, der uns mit einer wunderbaren Leichtigkeit durch diese Nacht führt, dass man sich fragt, ob er tatsächlich – wie Graf Dracula in seinem Schloss – auf dieser Bühne hier in Berlin steht."

ANMERKUNG des Autors Jeff Parc:

Der sich auf höchstem Niveau bewegende Film- und Theater erfahrene US-Amerikaner Bill Krohn beschreibt hier oben ULLI LOMMEL als einen zu bewundernden Jungbrunnen!

In deutschen Zeitungen las ich dagegen: „Ulli Lommel wirke wie ein alter Mann!"

Mir fehlen die Worte ...

ANMERKUNG ENDE!

Um das Versprechen zu erfüllen, Amerikas Geschichte in einer einzigen Show zu erzählen, hat sich Lommel entschieden, die Bühne mit den Filmen zu verbinden.

Das Publikum bekommt eine 3-D-Brille und sieht 3-D-Filmsegmente, die so choreografiert sind, dass sie es den Akteuren ermöglichen, sich auf ihre filmische 3-D-Kopie zu beziehen, deren Ergebnis so überraschend und fesselnd ist, dass man sich fragt, ob man die nächtliche Erfindung eines völlig neuen Mediums beobachtet.

Einige Zuschauer schienen irritiert und verwirrt zu sein, während andere die Reise wie ich genossen.

Dies ist nicht das Oldsmobile deines Vaters, sagte ein amerikanischer Werbespot vor ein paar Jahren, um eine neue Generation junger Autokäufer anzuziehen.

Nun, das ist sicher nicht das Theater deines Vaters, aber was will man mehr, als eine satanisch wilde Hexe mit der alten Königin Mary von England, der Blutigen, die ihre Kleider auszieht und ausstößt, ich liebe Rock 'n Roll.

Marilyn Monroe singt Nancy Sinatras Bang-Bang, während ein bösartiger, als deutsche Marionette gekleideter US-Senator sie beschuldigt, eine Kommunistin zu sein; eine selbstmörderische und atemberaubende Göttin Maria Callas, die sich mit ihrer Erzfeindin Jackie O. zusammenschließt, nur um sich in die fabelhaften Supremes zu verwandeln, die ,Stop in the Name of Love' singen.

Amelia Earhart philosophiert darüber, wie angenehm es ist, in einem Flugzeugwrack auf dem Meeresgrund gefangen zu sein und dort zu Lou Reed's „Walk on the Wild Side" zu tanzen.

Lommel taucht im dritten Akt auf der Bühne auf und trägt stolz die Sterne und Streifen – eine alte amerikanische Flagge, von der er sagt, dass er sie von dem Sohn eines gefallenen Piloten erhalten hat – und liest laut die Namen aller Mitglieder der U.S. Air Force vor, die während der Berliner Luftbrücke ihr Leben für die Deutschen geopfert haben.

Warhol enthüllt einem Gangster, der sagt, er habe JFK und Marylin getötet, seine innersten Geheimnisse über Magie, Schönheit und Glück.

Die fesselnde Comicfigur Big Boy, gespielt von demselben bürgerlichen Monster, das kurz darauf droht, Warhol in seiner Fabrik zu töten – während Andy, der von einer Kugel nach der anderen getroffen wird, immer wieder nach mehr fragt, immer mehr, es ist alles Kunst, verkündet er, schießt einfach weiter.

Und das wollte ich Lommel und seiner fantastischen Bande von 3-D-Filmen sagen – treffen Sie Theater-Revolutionäre: Schieß weiter! Hör niemals auf! Schieß einfach weiter, egal was die verängstigten Kritiker sagen, jene kopflastigen Intellektuellen, für die sich diese Monstershow wie eine Kugel im Gehirn anfühlen muss.

Und nehmen Sie diesen Gig in die USA mit, in Hallen und im Freien, in kleine Clubs im mittleren Westen oder direkt ins Giant Stadium, New York City.

Verrückte, verrückte Fucking Liberty!

Von diesem in Deutschland geborenen Renaissance-Mann, der direkt nach dem Zweiten Weltkrieg im amerikanischen Sektor West-Berlins aufgewachsen ist, 1977 in die Vereinigten Staaten eingewandert ist und nun für ein begrenztes Engagement als wahrer Botschafter Amerikas nach Berlin zurückgekehrt ist.

Für ihn ‚Fickende Freiheit!' bedeutet natürlich ‚verdammt gut!'

Am nächsten Morgen, noch benommen von den 100 Minuten in Ulli Lommels Amerika, nahm ich den Zug nach Warschau, vom Berliner Hauptbahnhof, dem neuen Hauptbahnhof, der mich an einen riesigen Wellnessfriedhof erinnerte. Ich bin mir nicht sicher, ob ich glücklich war, Berlin zu verlassen oder nicht, aber während der Zug weiterfuhr, dachte ich an Warhol und ich fühlte die Schönheit, ich fühlte die Magie."

Bill Krohn: Los Angeles Korrespondent der „Cahiers du Cinema", Paris, France.

Visiting Berlin – *original text:* Bill Krohn:

„At the theaters, I got pretty bored with ‚Das Himbeer-reich‘, an all too predictable and typically German interpretation of bankers gone bad, I was slightly entertained but ultimately fell asleep at Komische Oper's ‚Rise and Fall of Mahagonny‘, and I was about to move on to Warsaw to find out why Aaron, my neighbor, who almost vanished at Auschwitz, still couldn't listen to words spoken in German and why he refused to visit Berlin with me on this journey.

The day I had planned to depart for Poland I discovered a poster of a play with an American flag on a worn out boxing glove called Fucking Liberty! with an exclamation mark, and I said to myself what the hell is that, what's going on there and who's trashing liberty?

It fittingly plays at a theater called ‚Volksbuehne‘ at Rosa Luxemburgplatz and was written and directed by *Ulli Lommel*, whose rather teutonic but never the less brilliant serial killer flick ‚*Tenderness of the Wolves*‘ still haunts me to this very day.

I decided to postpone my trip and watch *Fucking Liberty!*

I was in for a big surprise, a big fucking treat as in trick or treat.

The theater itself is without doubt one of the most beautiful places I have ever seen – you can smell history when you enter this temple of gloom, doom and rebellion, upstairs there is a strange yellow ton with polaroids depicting Andy Warhol in a 360 degree jour-ney around the pope of pop taken by Lommel during his stay at Warhol's factory.

60s and 70s pop tunes invite you to take your seat.

The set is a gigantic and frightening visage of Mickey Mouse, eyes deadened pitch black like a Halloween trick and mouth turned into a giant razor blade, all en-visioned by scenic genius Bert Neumann, who also collaborated with Lommel on the Warhol installation.

Then suddenly darkness and the lips of the mouse reveal a funeral procession, It's Michael Jackson being put to rest, accompanied by all the icons Lommel dreamt up for his goulish night, including the undead Marilyn Monroe, Jackie Kennedy, Erich von Strohheim, Angela Davis, Big Boy Caprice, a freaky 40s style G.I. band and four sexy and happening black Hip-Hop chicks dressed up as S&M nurses.

Robin, Batman's sidekick, tells us that America will never die and to prove his theory Michael Jackson rises from the dead with the help of his black sistas and the American pop band and reanimates to the beat of Billie Jean.

It's Lommel himself as Michael, and one wonders what kind of drugs this man must be taking.

He's in his late sixties, but has the fast, snaky moves of a rock star in his mid thirties.

The evening roars like a learjet into what's labeled 500 years of America in 100 minutes, a slogan right from the Interview magazine pages of Warhol himself.

Lommel gives the entertainer who leads us through this night such ease and light footedness that one wonders whether he actually resides on this stage like Count Dracula in his castle.

To fulfill the promise of telling America's story during one single show Lommel has chosen to marry the stage to the movies. The audience gets 3D glasses and watches 3D movie segments that are choreographed in such a way that they allow the actors to relate to their cinematic 3D copy, the result of which is so startling and riveting that one wonders whether one is watching the nocturnal invention of an entirely new medium.

Some viewers seemed to be irritated and confused, while others were enjoying the trip like me.

This is not your daddie's Oldsmobile, an American commercial said a few years ago in order to attract a new generation of young car buyers.

Well, this is not your daddie's theater for sure, but what more can you ask for than a satanically wild witches brew with old Queen Mary of England, the bloody one, taking off her clothes and belching out I love Rock'n Roll.

Marilyn Monroe singing Nancy Sinatra's Bang-Bang while a vicious U.S. Senator dressed as a German puppet accuses her of being a communist, a suicidal and breath takingly divine Maria Callas teaming up with her nemesis Jackie O., only to morph into the fabulous Supremes chanting *Stop in the Name of Love*.

Amelia Earhart throwing in her philosophy about how pleasant it is to be caught in a plane wreck at the bot-tom of the ocean floor and then dancing to Lou Reed's Walk on the Wild Side.

Lommel showing up on stage in the third act proudly carrying the stars and stripes - an old American flag he says he received from the son of a fallen pilot - and reading out loud the names of all the members of the U.S. Air Force who sacrificed their lives for the Germans during the Berlin air lift.

Warhol revealing his inner most secrets about magic, beauty and happiness to a gangster who says he killed JFK and Marilyn, the riveting comic strip figure Big Boy played by the same bourgeois monster who moments later threatens to kill Warhol in his factory, while Andy, being hit by bullet after bullet, keeps asking for more, ever more, it's all art, he proclaims, just keep on shooting.

And that's what I wanted to tell Lommel and his fantastic gang of 3D movies-meet-theater revolutionaries: Keep on shooting! Don't ever stop! Just keep on shooting, no matter what the angst ridden critics may say, those head-heavy intellectuals, for whom this monster show must feel like a bullet in the brain.

And take this gig to the U.S. of A., in doors and out doors, to small clubs in the Midwest or right smack into Giant Stadium, NYC.

Mad, mad Fucking Liberty! by this German born renaissance man, who grew up in the American sector of West-Berlin right after WWII, immigrated to the United States in 1977 and has now returned to Berlin for a limited engagement as a true ambassador of America.

For him Fucking Liberty! of course means fucking great!

Next morning, still dazed from those 100 minutes in Ulli Lommel's America, I took the train to Warsaw, from Berlin's Hauptbahnhof, the new main train station, which reminded me of a giant wellness cemetery.

Not sure whether I was happy to leave Berlin or not, but while the train started rolling along, I thought about Warhol and I felt the beauty, I felt the magic.

E N D E von Bill Krohns faszinierender Kritik.

Bill Krohn, Los Angeles Correspondent: *Cahiers du Cinema*, Paris, France.

Mit dieser klasse Kritik beende ich in meinem Buch den „Episoden-Zyklus" für und mit meinem Freund *Ulli Lommel*, mit dessen cooler Starthilfe das professionelle Filmen *Jeffs* ja erst begann.

Er war *der* Mann, der für sich erkannte: „Mit dem Jeff macht es mir Spaß, ab und an mal einen Film zu drehen." Dass wir final nur circa eine Handvoll Filme zusammen drehten, war ganz einfach „Zufall".

Ulli Lommel war für mich stets einer der sehr seltenen, echten Film-Abenteurer, die es weltweit noch gab – er drehte seine circa 50 bis 60 Filme u. a. in Metropolen wie München/Berlin – Paris – New York und Los Angeles.

Zwei davon waren große, weltweite Erfolge:

„The Boogeyman" – (L.A.)

und

„Die Zärtlichkeit der Wölfe" – (Gelsenkirchen).

Wir beide, Ulli und Jeff, haben gemeinsam wunderbare und auch sehr anstrengende Zeiten erlebt – und blieben Freunde ein Leben lang.

Filmschauspieler – ein Traumberuf?

Los Angeles

Photo: Nathan DeFiesta

Während meiner L.A.-Besuche erlebte ich hautnah, dass sich bei *Ulli Lommels* Castings eine solche Menge an *faszinierend-tollen* Schauspielern versammelte, m/w, dass er alleine damit mehrere Filme oder sogar Serien hätte besetzen können.

Apropos: Bei den Castings hatte ich nicht einen der wunderbaren Schauspieler je in irgendeinem Film gesehen – was ich dort aber oft beobachtete, war, dass diese US-Mimen, von denen die meisten bestimmt tagtäglich einen harten Überlebenskampf vor sich hatten, mit einer natürlichen Lässigkeit miteinander kommunizierten, dass ich nur staunte – auch hatte fast jeder, w/m, sein Surfbrett draußen aufm Auto hängen, um nach dem Casting-Spektakel das Meer gleich nebenan zu „reiten".

Foto: Alex Wigan – dieser Surfer könnte noch vor Stunden bei einem Ulli Lommel-Casting in L.A. gewesen sein.

Nun, der Hollywood-Alltag selbst ist weit davon entfernt, glamourös zu sein:

99,5 % aller Schauspieler finden natürlich auch bei den Castings keine neue Rolle und haben danach – wie fast immer – nur zwei Optionen: Entweder gleich nebenan im Pazifik nach *der* Welle Ausschau zu halten, auf der sie wenigstens das „Glück des Surfers" genießen – oder aber umgehend zum Kellnern aufzubrechen, um ihre monatliche Miete zu verdienen!

Was sagte dazu ein mir sehr sympathischer Film-regisseur:

„Der Beruf des Schauspielers ist einer der härtesten der Welt, wenn man nicht wirklich erfolgreich ist.

Immer wieder Arbeitslosigkeit, Unsicherheit und Angst vor der Zukunft sind alltägliche Sorgen. Und ohne ein für den Erfolg notwendiges Talent und Glück geht gar nichts in diesem Beruf!"

Die nackte Alltagsrealität trifft leider die mit Abstand meisten von uns Filmschauspielern, egal wo man sich gerade aufhält: L.A., Paris, Rom oder sonst wo – ich hielt mich überall dort irgendwann mal auf und war somit natürlich auch ein Teil von all *diesen* sogenannten Einzelschicksalen.

Ich kann die Nächte nicht zählen, in denen ich in ungemütlichen Pensionen oder von Zeugs befreiten Zimmerecken von Bekannten übernachtete – oftmals von Nacht zu Nacht wechselnd!

Wenn kein Geld mehr vorhanden war, verdiente ich es dort, wo es möglich war: In Fabriken, auf Camposanti (Friedhöfen), als Bote oder was weiß ich noch wo sonst.

Die sogenannte Work-Life-Balance: Arbeit, Leben und Gleichgewicht, die einen als Schauspieler erwartet, ist alles andere als harmonisch – sie ist nichts anderes als katastrophal.

In Ländern, in denen es so was wie Arbeitsämter gab, trafen sich, wie ich hörte, oft Kollegen zufällig – für *Jeff* ein No-Go, da es mir auch noch den letzten Glauben an irgendeine meiner noch zu spielenden Traumrollen raubte.

Apropos: Natürlich gab es auch den einen oder anderen Mimen, der fast ständig zu tun hatte, was allerdings meiner Erfahrung nach schon ´ne große Ausnahme darstellte. Um ehrlich zu sein, kannte ich solche Leute auch gar nicht.

Doch, da gab es ja einen, meinen Freund Ulli Lommel, der als Schauspieler von einer zur anderen Hauptrolle pendelte, egal ob beim Film, TV oder im Theater – bis er dann zum weltweiten Film wechselte und dort als Regisseur mit denen arbeitete, die er für seine Filme engagierte.

Aber wie ich hier schon berichtete, nannte mich mein Freund „*den einsamen Wolf*", was auch heißt, dass Ulli und ich nicht „Huckepack" durchs Leben streiften.

Keiner saß dem anderen auf dem Rücken, trotzdem hatten wir super-coole Zeiten bei all unsren Abenteuern: Denn wir waren als Freunde ja nicht nur bei den eigentlichen Dreharbeiten zusammen, nein, weit gefehlt: Unsere Arbeit begann mit der Planung eines Filmes und endete dann irgendwann entweder im Filmwunderland oder im Chaos!

In jeder der Varianten verloren wir als Freunde zum Glück nie die Gelassenheit.

Junge Schauspieler, die es zu den Sternen zieht, sollten auf der *stellaren* Ebene auch beachten, dass sie dort, wo die Musik spielt, auch die jeweiligen Sprachen möglichst „akzentfrei" sprechen.

Nicht ganz so einfach.

Deshalb tummeln sich in USA ja auch fast nur Schauspieler mit Englisch als Erstsprache.

Special Info:

Fünf Prozent aller Schauspieler in Los Angeles schaffen es, genügend Aufträge zu bekommen, um in die Schauspieler-Gewerkschaft „SAG" – Screen Actors Guild – aufgenommen zu werden. Und von dieser Gruppe können wiederum nur etwa fünf Prozent allein von ihrer Kunst leben.

Was man uns hier als **Glamour** verkauft, ist nichts anderes als „Claptrap": „Dummes Gequassel".

Mein Fazit:

Filmschauspieler zu werden ist möglich: Schauspieler zu sein und zu bleiben ist schwieriger.

Berlin

Photo: Ansgar Scheffold – The brandenburg gate, berlin

In der Weltstadt Berlin lebt die Hälfte aller bundesweit als arbeitssuchend registrierten Schauspieler – wie ich einer Berliner Zeitung entnahm. Trotzdem ist der An-Sturm auf Schauspielschulen ungebrochen.

Meine Recherche ergab, dass sich selbst bekannte Film- und Fernsehschauspieler zwischendurch immer wieder arbeitslos melden.

Einer dieser bekannten Mimen sagte, dass er keinen Beruf kenne, der in der Öffentlichkeit derart verzerrt dargestellt werde.

Wenn wir das alles hören, fragt man sich doch ernsthaft, warum noch keiner aus diesen Kreisen zu seinem Computer eilte, um eine *Filmkomödie* mit folgendem Titel zu schreiben:

Photo: geralt

Schauspieler in Italien

Foto: geralt

Zitat von Orson Welles,

einem der künstlerisch einflussreichsten Regisseure des Kinos, der Jahrzehnte in Italien lebte:

„Italien besteht aus 50 Millionen Schauspielern – die schlechtesten von ihnen stehen auf der Bühne."

„Der Fall Boran"
Philip Boran auf dem Weg in den Tod

Jeff Parc spielt hier unter seinem Pseudonym **Bernard Rud** den Philip Boran und schrieb mit dem Regisseur und Produzenten des Films, Daniel Zuta, das Drehbuch.

Für meinen Traumfilm – *un film noir* – war klar, dass mein Künstlername *französisch* klingen musste:

V*oilà*: **Bernard Rud.**

Kurzer Film-Überblick:

Zielstrebig hat Philip Boran seinen Weg gemacht, vom gefürchteten Bankraub-Profi zum gefeierten Filmstar. Ein Weg voller Hürden, denn die feine Gesellschaft hat seine früheren ‚Geschäfte' niemals völlig vergessen. Doch auf dem Höhepunkt des Erfolges holt ihn seine Vergangenheit ein.

Einmal sollte es passieren – einmal in meinem Schauspielerleben einen vom Volk geliebten *Helden* in einem *Film noir* (ähnlich einem Krimi/Thriller) zu spielen – seit meinen Schülerfilmtagen träumte ich davon.

Ich spielte gerade noch eine mittelgroße Rolle in einem kleinen, italienischen Film im von der Sonne verwöhnten Palermo, um dann dort zu landen, wo ich zu dieser Zeit wohnte: in Amsterdam. Es regnete in Strömen und mein größtes Filmabenteuer bisher, das Schreiben meiner eigenen *Film noir Story*, stand vor der Tür!

Wie verabredet war meine kleine Wohnung am Stadtrand von Amsterdam leer – meine australischen Mieter, inzwischen schon Freunde von mir, surften schon den zweiten Tag hintereinander auf hohen Wellen ihren vertrauten Stränden entgegen.

Am nächsten Morgen deckte ich mich mit Proviant für Wochen ein – es schüttete übrigens noch mehr als bei meiner Ankunft am Tag zuvor – wobei ich meinen unentbehrlichen *Espresso* als meine Lieblingsspeise während der vielen kommenden Wochen bezeichnen würde.

Das war dann die Zeit, in der ich meiner Fantasie erlaubte, sich in meinen Träumen total auszutoben – was sie, die Fantasie, mir dafür zurückgab, war die dramatische Geschichte meines Helden **Philip Boran**.

Mit meinem Treatment – eine Art Vorstufe zum Drehbuch – unterm Arm machte ich mich auf den Weg zu einer kleineren, renommierten Filmproduktion und deren Boss *Daniel Zuta*. Warum steuerte ich ausgerechnet den „Dani" an?

Nun, Dani hatte ich mal als smarten Filmtypen kennengelernt und wer dir sympathisch ist, sollte dann auch der Erste sein, dem du deine Filmgeschichte anbietest. Gleichzeitig – und das konnte von Anfang an ein nicht zu unterschätzendes Problem werden – darf meine Geschichte n u r mit mir als dem Titelhelden verfilmt werden.

Wäre das ein *zu* großes Risiko für Dani oder andere, potenzielle Filmproduktionen, würde ich meiner Story einen Ehrenplatz in *Jeff Parcs* Lieblingsschublade zuweisen und mein Leben lang stolz auf mich sein, meine ganz persönliche Filmstory geschrieben zu haben.

v.l.n.r.: Daniel, unser Regisseur und Produzent, Cast: Renee Soutendijk (Amsterdam), Jean-Pierre Léaud (Paris) und Bernard Rud (Jeff Parc) als *Philip Boran*.

Ich hatte Glück, denn Dani gefiel ganz offensichtlich der Inhalt meines Treatments (*Vorstufe* zum Drehbuch), denn er hob den Daumen als Zeichen zum Einstieg in ein „Katz-und-Maus-Spiel" zwischen einem rachsüchtigen Kommissar und dem Exgangster *Philip Boran* - meinem Titelhelden.

Als unser Drehbuch dann den ersten Teil seiner „Reifeprüfung" bestand, was nichts anderes war als die überlebensnotwendige Zusage einer prominenten Fernseh-Anstalt in der Tasche zu haben, folgten weitere Verhandlungen inklusive der *dramatischen* Suche nach den geeigneten *Film noir*-Darstellern aus ganz Europa.

Dann endlich – wir waren inzwischen in Brüssel – fiel der Startschuss zu dem Film, von dem ich mein Leben lang träumte: mit mir als dem Titelhelden meiner und unserer Story.

Mein Bruder Pierre und ich, Philip Boran, waren die Köpfe einer Bande, die für ihre kriminellen Taten acht sehr lange Jahre im Gefängnis gesessen hatten. Nach unsrer Entlassung schworen wir uns, der Kriminalität „goodbye" zu sagen.

Unsere Entlassung aus einem Brüsseler Gefängnis: v. l. n. r.: Philip Boran, Dani, unser Regisseur, und Pierre, mein geliebter Bruder.

Alles schien den richtigen Weg zu laufen, ja, das Kinopublikum war geradezu vernarrt in meine Rolle als Philip Boran im Kinothriller ‚Der Fall Boran'.

Was mir Sorgen bereitete, war die Tatsache, dass ich nun schon seit einiger Zeit nichts mehr von Pierre gehört hatte: Ich wusste, dass er umziehen wollte – das wars.

Der Rest unserer „Ex-Gang" fand sehr schnell Arbeit, meist als Automechaniker – außer mir, der die Hürde vom Gelegenheitsjob zur festen Anstellung nie überwand.

Von mir war bekannt, dass ich immer Zeit für meine Freunde hatte: Brauchten sie mich für irgendwas, war ich zur Stelle – sei es auch noch so banal gewesen!

So wie an diesem einen Tag: Mein Freund Fred, der seit Jahren davon träumte, irgendwelche Gangsterrollen im Film zu spielen, bat mich, ihn zu seinem zweihunderteinsten Film- oder Fernsehcasting zu begleiten. Wie sonst auch, nahm er sich auch für dieses Event 'nen Tag Urlaub.

Während wir inmitten von bestimmt 103 anderen Möchtegern-Schauspielern auf Freds „Auftritt" warteten, erzählte er mir derart idiotische Casting-Erlebnisse, dass ich mehr und mehr die Kontrolle über mich selbst verlor: So beutelte es mich vor Lachen!

Dann aber, nach bestimmt zwei, drei Stunden Wartezeit, leuchtete Freds Castingnummer auf – und wir beide hatten nur eine Hoffnung: dass er endlich ein bisschen Glück auf seiner Seite hatte, um wenigstens ein einziges Mal in der Umgebung von einem der Fernsehhelden zu stehen kam, sodass all seine Freunde endlich erkannten, was für ein riesiges Potenzial in ihrem Freddy steckte.

Nur, auch dieses zweihunderteinste Fernseh-Casting brachte ihm kein Glück, denn kaum war er 'ne Minute verschwunden, stand er auch schon wieder vor mir und brachte diese wenigen Worte gerade noch so aus seinem Mund heraus: „Du, Philip, die, äh, die wollen *dich* sehen."

Erstaunt schaute ich meinen Freund an und dirigierte ihn erst mal direkt auf den neben ihm stehenden Stuhl, um diesem erneuten *Trauerspiel* ein wenig die Tiefe zu nehmen.

Meine freundschaftliche Aktion hielt ihn aber nicht davon ab, mir diese charmante Bitte ganz leise zuzuhauchen:
„Machs mir zuliebe, **Philip Boran**."

Amüsiert umarmte ich Fred, gab ihm Küsse auf beide Wangen und schlenderte, maskiert mit 'ner Mütze samt alter Lesebrille, in einen im Grunde öden, grauen Raum ohne Fenster und Illusionen.

Dort saß ich erst mal wie auf einer Anklagebank: vor mir zig Typen, die mich mit ihren albernen Fragen mehr als langweilten!

Zum Glück war ich da in Gedanken schon längst wieder bei meiner kleinen Clique, die sich jeden Nachmittag ab 17 Uhr in Alessandros Cafébar traf.

Ich wollte gerade aufstehen und mich verabschieden, als der bisher stumme Typ, der ganz links außen, aus seinem Tiefschlaf erwachte, um 'nen ja fast schon James Bond ähnlichen Spruch rauszuhauen:

„Du siehst zwar aus wie ein noch nicht entdeckter ‚Held' – was ich als Regisseur natürlich ganz toll finde – aber leider brauchen wir hier nur 'nen einfachen Boss einer ganz normalen Streetgang."

Hier angekommen machte er eine kurze Pause, schaute mir dabei tief in die Augen – ich hatte inzwischen meine Brille mal kurz abgenommen, da mein rechtes Auge juckte – und fuhr fort:

„Könntest du bitte mal ganz kurz deine Mütze samt Brille ablegen?"

Ich tat ihm den Gefallen – und bekam als DANK einstimmig zu hören:

"Das gibt's doch gar nicht"
PHILIP BORAN – der Held unserer Nation!
Was in aller Welt machen Sie denn hier?

Philip Boran – der letztendlich doch noch erkannte ‚Held der Nation!‘

Ich bat die Herren dann noch freundlich, meinem Freund F R E D 'ne kleine Rolle in ihrem nächsten Fernsehkrimi zu geben ...

Kurz danach, Fred war bestimmt noch beim Unterschreiben seines ersten Schauspielervertrages, überquerte ich gedankenverloren mal wieder den „Großen Platz" unserer Stadt, als ich unvorhergesehen in einen Typen hineinlief, der daraufhin wie ne Kerze im Wind zu Boden flatterte – und, man glaubt es kaum, von da unten nichts anderes zu tun hatte, als mir zuzurufen: „Nie in meinem Leben hätte ich mir vorstellen können, einmal vom zurzeit größten Star der Nation umgerannt zu werden: BRAVO – Philip Boran."

Dann stand er auf und kritzelte irgendwas auf ein abgerissenes Stück Papier, reichte es mir und weg war er.

Ich hatte den Typen inzwischen vergessen, ihn aber ‚wiederentdeckt', als ich am nächsten Tag in meiner Jacke nach Kleingeld herumfummelte und sein Gekritzel aus'm Jackett zog:

Filmregisseur, 26 Jahre jung, samt Telefonnummer.

Unser Wiedersehen war die Hauptrolle in seinem neuen Thriller mit dem Titel:

„Ein Haus am Ende des Sees"

Mein zweiter Riesenerfolg im Kino, von dem ich mir erhoffte, dass er ein wenig wegnähme von all den Schmähungen, die mir ein Teil der Presse seit meinem ersten Erfolg als *Philip Boran* tagtäglich entgegen schleuderte:

„Einer, der Jahre im Bau saß, konnte in diesem Leben ganz einfach kein guter Mensch mehr sein – den musste man jagen, bis er von selbst aufgab: Oder tot auf dem Asphalt lag!"

Solch widerliche und unsinnige Behauptungen las ich Tag für Tag in den Medien, ja, selbst von Plakatwänden herab belästigte man das Volk mit dummem Geschwätz:

Vorgestern war's noch der Knast
und
Gestern schon der Smoking im Film

Linda, Philip Boran (im Smoking) und unser Regisseur Daniel.

All die landesweiten Provokationen gingen nicht spurlos an mir vorbei, bis das Fass dann eines Tages überlief.

Ich war kaum eine Minute in meiner Wohnung, als das Telefon auch schon klingelte und die Frau meines geliebten Bruders Pierre, Alice, am Apparat war und außer sich vor Schmerz in den Hörer schrie:

„Philip, sie haben Pierre erschossen!"

Alice wiederholte diesen Ausruf der Ohnmacht bestimmt fünfmal hintereinander und ich konnte in diesem tragischen Moment weder bei ihr sein noch helfen.

Mein geliebter Bruder: erschossen – feige von hinten.

Philip Boran liest in der Zeitungssonderausgabe über den Tod
seines geliebten Bruders ‚Pierre‘.

Auch war zu lesen: „Der mit dem Fall betraute Kommissar Maconnet hält den beliebten Filmstar *Philip Boran* für den wahren Kopf dieser Bande und versucht nun, ihn mit allen ihm zur Verfügung stehenden Mitteln zur Strecke zu bringen."

Angesichts der staatlichen Übermacht fiel es mir nicht leicht, meine Unschuld zu beweisen.

Philip Boran in Not: Er brauchte dringend Hilfe in seinem verzweifelten Kampf gegen einen skrupellosen Kommissar.

In solchen Momenten fühlt man sich wie ausgestoßen – mutterseelenallein.

Und, was noch erschwerend hinzukam, dieser Mann war ein in Flammen stehender, besessener und unbelehrbarer Kriminalkommissar, der nichts anderes im Sinn hatte, als mich ins Jenseits zu befördern.

In genau solch einer Situation wünschte man sich Freunde, die dir nicht nur zur Seite standen, nein, sondern solche, die dir aktiv halfen, um zum Beispiel herauszufinden: Wer erschoss meinen Bruder kaltblütig von hinten – nach einem kleinen Überfall auf eine menschenleere Bank?

Große *Aktionen* waren noch nie Pierres Ding. Machten Pierre und ich was alleine, hatten wir auch immer nur kleinere Objekte im Visier; trotzdem, jedes davon barg Risiken, womit wir lebten – aber auch ständig auf der Flucht waren!

Fragte mich später jemand, warum wir zwei denn überhaupt auf die schiefe Bahn kamen, antwortete ich: „Ich weiß es nicht – irgendwie liefen wir alle falsch adressierten Fantasien nach."

Die wirklich größeren Sachen, für die sie uns dann ja auch lange wegsperrten, gingen nur mit dem kompletten Cast unserer Gang über die Bühne.

Ich dachte schon, dass ich mich auch dieses Mal in einer aussichtslosen Situation befand – als sich unverhofft

das Blatt in Gestalt meines französischen Schauspiel-
kollegen *Luc* wendete.

Luc erkannte wohl die tief in mir sitzende Verzweiflung
und bot mir spontan an, mich seiner Schwester *Linda*
vorzustellen, die leitende Redakteurin bei einer der
einflussreichsten und gleichzeitig auch größten
Zeitungen des Landes war.

Tage später schon trafen wir uns zu einem ausführlichen
Gespräch, in dem ich ihr alles auf den Tisch warf, was
sie für ihre Recherchen erst mal brauchte.

Philip erzählt Linda seine Geschichte – *Renée Soutendijk* mit Philip Boran

Am Ende meines Vortrags schaute sie mich ziemlich
ernst an und sagte:

„Das ist kein leichtes Ding, lieber Philip, aber wir beide werden das gemeinsam schaukeln!“

Es vergingen dann zehn lange Tage bis Linda mir mitteilte, dass der Kommissar versuchte, alles zu blockieren, was von Bedeutung für ihre Recherchen war.

Linda:
„Aber keine Sorge, ich werde den Typen knacken!“

Und ab gings in ihren Recherchemodus!

Linda ließ nicht locker – recherchierte nächtelang in verschiedenen Redaktionen, um genaustens herauszufinden, *inwiefern* dieser Kommissar in den Fall meines Bruders verwickelt war – und was für Aussagen er wann und wo gemacht hatte.

Er spielt nicht nur den Profi, er ist einer …
… ein starker Film Noir

DER FALL BORAN

Er spielt nicht nur den Profi, er ist einer ...
... ein starker Film Noir

DER FALL BORAN

Linda gibt alles ...

Nach einigen Wochen intensivster Nachforschungen, vereinbarten wir ein weiteres Treffen, wobei Linda mir in ihrer einmalig mitfühlenden Art Mut zusprach, da sie final herausgefunden hatte, dass dieser Kommissar, der Philip Boran nun gnadenlos jagte und ihn öffentlich an den Pranger stellte, selbst die entscheidende Rolle beim Tod meines Bruders gespielt hatte.

Für Linda stand fest: *„Kommissar Maconnet* erschoss meinen Bruder Pierre *eiskalt* von hinten!"*

Er spielt nicht nur den Profi, er ist einer ...
... ein starker Film Noir

DER FALL BORAN

Linda tröstet Philip ...

Weiterhin erkannte Linda, dass der Kommissar eine nicht zu überbietende Aversion gegen sogenannte Filmstars haben müsse – was die Redakteurin aus zahlreichen, zurückliegenden Interviews dieses Staatsdieners herauslesen konnte.

Das gleiche Bild ergab sich für Linda bei ihren Recherchen direkt im Office des Kommissars und dessen Assistenten.

Diesen Leuten war nicht zu trauen! Die agierten alle erbarmungslos.

Oben: Linda im Büro von Kommissar Maconnet und seinem
Assistenten Jean-Pierre Léaud

Jean-Pierre Léaud, die französische Film-Legende aus Paris ... in
unserem Film der Assistent Maconnets.

Da ich es hier mit einem abgebrühten, rücksichtslosen Gegner zu tun hatte, der mir meinen geliebten Bruder nahm und der kurz davor stand, auch *mein* Leben auszulöschen – setzte ich eine ganz spezielle *„Selbstinszenierung"* in Gang:

Ich hatte keine andere Wahl – entweder ich verlasse den *Großen Platz* meiner Stadt *„lebend"* und als *„Held"* – oder ich folge meinem geliebten Bruder in den Tod!

„Wer die *Eiseskälte* besitzt, meinen wehrlosen Bruder hinterrücks abzuknallen und mich umgehend danach und ohne jegliche Legitimation wie einen angeschossenen Hasen vor sich hertreibt – dabei auch nicht davor zurückschreckt, die ganze Nation mit *Fake News* über mich zu fluten – solch einem Menschen präsentiert der Filmschauspieler und Drehbuchautor *Philip Boran* einen *SHOWDOWN* der *ganz besonderen* Art und Weise:

mit meiner Inszenierung eröffnete ich dem außer Kontrolle geratenen Kommissar alle Möglichkeiten, auch die, sich mit mir mitten auf dem Großen Platz unserer Nation zu treffen und vor Tausenden von Bürgern klarzustellen, dass Philip Boran kein Gangster (mehr) ist – sondern ein vom Volk geliebter Filmstar!"

Die genaue Zeit eines solch ungewöhnlichen Duells sollte „Zwölf Uhr mittags" sein – dem legendären Hollywoodfilm nachempfunden.

HIGH NOON

Photo: George Becker

Photo: Pawel L. – ein kleiner Teil des „Großen Platzes".

Wenn schon ein Filmschauspieler zu seinem vielleicht „*letzten Tango*" bittet, muss er seiner Inszenierung eine unverwechselbare Farbe mit auf den Weg geben ...

Zu Ehren eines im Leben höchstwahrscheinlich nur einmal stattfindenden Ereignisses, scheuten wir keine Mühen und Kosten, um uns die entsprechend coolen Klamotten beim populären Theaterkostümverleih der Stadt auszuleihen.

Zur Feier des Tages trug ich dazu noch nen geräumigen Rucksack ...

Derart entspannt betrat unsere fast komplette Exgang samt Freundinnen das luxuriöse Juweliergeschäft, in dem wir nicht nur das diskrete Personal ein wenig aktivierten, nein, hauptsächlich beunruhigten wir die überall versteckten Kameras samt ihrer ‚Dirigenten' im Hintergrund!

Und genau vor einer dieser Kameras machte ich einen kurzen STOPP, um meine Botschaft *des friedlichen Duells* der Kommandozentrale der Cops mitzuteilen, auf dass diese mein Friedensangebot ihrem fanatischen Kommissar Maconnet weitergab!

Ungeachtet meiner kurzen Kameraansage genossen wir die fachkundige Beratung, worauf sich zwei unserer *eleganten Schönheiten* zur Feier des Tages doch tatsächlich ein paar silberne Armbändchen zulegten.

In der nahebei eingerichteten Kommandozentrale der Cops herrschte weiterhin permanente Alarmstimmung: ALLE trauten *Philip Boran* wohl immer noch alles zu.

In einem Paralleluniversum wartete in der Zwischen-Zeit Kommissar Maconnet, an irgendeiner Stelle irgendwo hinter oder neben einem großen *Feuerwehrwagen versteckt und* mit direkter Sicht zum Ausgang des Juweliergeschäftes auf seinen lange herbeigesehnten öffentlichen Auftritt.

„Endlich stand auch er im Zentrum allen Interesses!"

Zur gleichen Zeit brachte sich die landesweit bekannte Journalistin Linda, die Schwester meines Schauspielerkollegen Luc, mit mehreren Filmteams in beste Positionen, um die zu erwartende Dramatik präzise dokumentieren zu können

Nach vielleicht einer Stunde mitten unter hochpreisigen Juwelen, verließen wir das Luxusgeschäft im Minutentakt. Als letztes Paar erschienen auf der riesigen Freifläche des Großen Platzes *Philip Boran* und seine auffallend *frohgelaunte* Freundin Jennifer – allerdings in ihrer Freude von einem schrillen Megafon gestört:

PHILIP BORAN ...

Ich drehte mich langsam in *die* Richtung, aus der mein Name durch die Luft flog.

Die eingebundenen Polizeikräfte, alle via Liveschaltung miteinander verbunden, erkannten blitzschnell die *todbringende* Situation, rannten wie die Irren von ihren Kommandoständen in Richtung der *Duellarena*, um ihrem Kollegen Kommissar Maconnet – *ebenso via Megafon* – laut schreiend zu signalisieren:

„Stopp! Stopp! Nicht schießen! Kein Überfall! Nicht schießen!"

fotoarchiv: jeff parc – Kommissar Maconnet

Zu spät: Maconnet hatte kein Interesse an einem persönlichen Gespräch mit dem Filmstar – er wollte nur eines: **Mich töten!**

Und es geschah, dass des Kommissars todbringende Kugel punktgenau Philips Herz traf, dieser sich mit beiden Händen reflexartig an die Brust fasste, dann aber ganz langsam, wie in Zeitlupe, in sich zusammensackte und tot auf dem nassen Asphalt zu liegen kam.

Seine Freundin kreischte in den höchsten Tönen, ließ sich auf die Knie fallen, um ihren *Philip* wiederzubeleben.

Chaos brach aus, der Große Platz der Stadt versank in Panik, jeder einzelne und alle versuchten, sich nur noch in Sicherheit zu bringen.

Wenige Mutige eilten zu Philips Freundin, um ihr und vor allem Philip vielleicht doch noch helfen zu können.

Diese von Todesahnung beherrschte Stimmung auf dem Großen Platz der Hauptstadt verflog dann aber im nächsten Augenblick, als die ersten Menschen auch schon ungläubig staunend erkannten, dass der tot geglaubte, geliebte Schauspieler – wie von Geisterhand gelenkt – seine Augen ganz langsam, wie nach einem tiefen Schlaf, öffnete, irgendwie *surreal* lächelte und wie *im Zeitlupentempo* aufstand.

Der neue *Star der Nation* schaute triumphierend in die Runde, wandte sich dann seiner immer noch bestürzt und fassungslos wirkenden Freundin zu, nahm liebevoll ihren Kopf in beide Hände und küsste sie *sehr, sehr lange* und *innig*.

Ein lang anhaltendes „Ohhhhhhhhh" lag wie ein jubelnder Glockenklang über dem „Schauplatz der nationalen Schande."

Das Spektakel der Masse – es waren nun schon wieder Tausende, die sich in der „*Todesarena*" versammelt hatten – steuerte seinem Höhepunkt entgegen!

Das VOLK feierte nicht nur den beliebten Schauspieler Philip Boran, nein, es feierte gleichzeitig auch sich selbst:

Foto: **marcin dampc**

Einer von ihnen, ein Schauspieler aus einem Arbeiter-vorort ihrer Stadt, der acht lange Jahre wegen ein paar belangloser Einbrüche und ein, zwei geknackter Tresore im Gefängnis saß und danach auch nur durch Zufall ein *Filmstar* geworden war, vollbrachte das *Kunststück*, einem Teil des Staatsapparates seine Grenzen aufzuzeigen.

Während des Jubels vieler Tausender Menschen wechselte *Philip Boran* seine blutverschmierten Klamotten gegen neue aus seinem Rucksack aus.

Bevor er die *Duellarena* mit seiner bemerkenswert tapferen Freundin verließ, hielt er den zerschossenen Blutbeutel nebst seiner schusssicheren Weste wie unbezahlbar wertvolle Trophäen in seiner rechten, hochgereckten Hand als Beweis dafür, dass man ihn kaltblütig ermorden wollte.

Erneut brauste frenetischer Applaus auf und erfüllte den riesigen Platz inmitten der Stadt mit leidenschaftlicher Freude – alle riefen nur einen Namen: „*Philip, Philip, Philip!*"

Am Rande des Platzes umringten jede Menge Kollegen ihren desillusionierten Kommissar Maconnet, der als gebrochener Mann durch alle hindurch dem „Nichts" in die Augen schaute.

Das „Duell am Großen Platz" hatte einen triumphalen Sieger –,
den das Volk liebte: **Philip Boran**!

„Geliebter Pierre – ich war schon auf dem Weg zu dir
in den Tod!"

ÄNDEN   *FINE*

THE END   *F I N*   ENDE

終り 終わ終わり   *LOPPU*

Der Fall Boran – Kritiken

Diese Rezension kommt aus Kanada vom ‚Montreal Film Festival‘:

Der Kritiker dort sah mich einen *entschlossenen* Helden spielen – (*Bernard*) *Rud is a stolid hero:*

Pic's main attraction is not the rather labored plot, but the intriguing atmosphere created. Backstreets of Brussels, lovingly shot by Walther Van Den Ende, are a major plus. Rud is a stolid hero, and Schoenaerts steals the film as his somewhat kinky adversary. Jean-

Einem deutschen Kritiker gelang es, unseren Film mit nur einem Wort zu adeln:

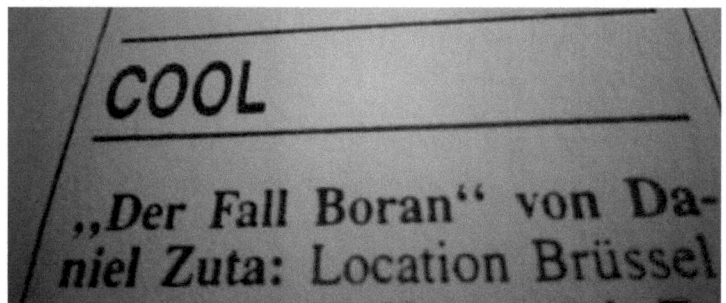

COOL

„Der Fall Boran" von Daniel Zuta: Location Brüssel

Die Nation liebte ihren Helden Philip Boran.

Foto: geralt

Die dramatische Geschichte unseres Hauptdarstellers *Philip Boran*, den ich anscheinend auf eine bewegende Art und Weise spielte, auf dass nicht nur begabte Filmkritiker mit coolen Rezensionen zur Stelle waren – nein, auch die gesamte Nation stand wie ein Mann hinter ihrem neuen *Helden Philip Boran*.

In all dieses Feiern hinein – und wenige Wochen nach der TV-Premiere – platzte eine medienpolitisch mehr als problematische Bombe: Und zwar genau zur Hauptnachrichtenzeit:

landesweit traten Star-Moderatoren vor die Kameras und verkündeten, dass der Fernsehsender „Bala" den vom Volk umjubelten Film „*Der Fall Boran*" – Philip Boran auf dem Weg in den Tod – aus all seinen Programmen warf! Weshalb und warum ist bis heute ein streng gehütetes Geheimnis dieses großen Senders der Nation. Ein ungeheuerlich arroganter Vorgang, *den das Volk so nicht akzeptierte!*

Die Nation war in Aufruhr, Tausende aus allen Schichten der Nation ließen ihr Abendessen auf den Tellern ruhen, um sogleich ,*alleine*' als auch in Fahrgemeinschaften zur Zentrale dieses TV-Senders zu fahren.

Ohne einen für das Volk positiven Entscheid – verließ hier keiner den Sender!

Am frühen Morgen war die Arbeit getan und der Sprecher der Bürger verkündete, dass man den Film ihres neuen Helden *Philip Boran* ab sofort in jedem Quartal – und dies zehn Jahre lang – zur besten Sendezeit ins Programm nahm.

Einen ähnlich gelagerten (Film-) Fall gab es noch nie in der Geschichte – egal welcher Nation.

Zwei Nächte später sahen aufmerksame Bürger einen städtischen Reinigungswagen mitten auf des Landes größtem Platz, dessen achtköpfige Besatzung einen riesigen Holzsockel aufbaute, auf den sie eine Art von „goldener Figur" verankerten.

Am frühen Morgen versammelten sich Tausende Staats- bürger rund um diesen Sockel herum und spendeten den bis zur Stunde unbekannten Gönnern dieses *Volks-Oskars* nicht enden wollende Beifallsstürme von bestimmt einer Stunde oder sogar länger.

Die **VOLKS-OSKAR-Beschriftung** lautete: Danke *den* Menschen, die *ihren* Helden ,***Philip Boran*** ' *nie* im Stich ließen.

Das ist er: unser Volks-Oskar. foto: kalhh

PS

Solch eine Schenkung blieb europaweit nicht im Verborgenen – und so passierte es, dass sich um den *Volks-Oskar* herum wochenlang in- und ausländische Kamerateams versammelten, um von diesem außergewöhnlichen Ereignis zu berichten …

Zwei „revolutionäre" Filmstar-Statements

Foto: TheDigitalArtist

Ich traute meinen Augen nicht, als ich diese *zwei* nun folgenden Statements von noch relativ jungen, aus dem Englisch sprechenden Europa kommenden Hollywoodschauspielern las:

1) Der Schauspieler selbst sollte größtmöglich ein Geheimnis bleiben – und nicht der Öffentlichkeit zum Fraß vorgeworfen werden – damit die Illusion der Rolle noch funktioniert.

2) Ich wünschte mir, dass man vor dem Start eines neuen Filmes im Grunde nur zehn Fotos veröffentlichte, um die Spannung des jeweiligen Films hochzuhalten!

Die Wünsche dieser zwei wunderbaren, noch jungen Hollywoodschauspieler werden leider durch die Realität konterkariert, torpediert, unterminiert und lahmgelegt!

Gino Cavaro und seine Film-Freunde

Graphic Mama-team

Wie beeindruckend, dass es weltweit wenigstens in jedem Land noch ein paar wenige Filmtypen gab, die sich gegen den Massengeschmack stemmten.

Diese wahren Film-Abenteurer hielten natürlich auch ihre eigenen Köpfe hin, wenn etwas schieflief: Denn im Grunde kann man in der Kampfzone „Film" von einer

Sekunde auf die andere ruiniert sein und all die, die einen noch gestern jubelnd umlagerten, sind wie vom Erdboden verschwunden, um ihre eigene Haut zu retten.

Die Filmgang, der ich angehörte, bestand einzig aus drei, vier Typen – nicht mehr!

Gino Cavaro, der Mann aus Sizilien, arbeitet als Vermittler *exklusiv* nur mit *Freunden* zusammen: Regisseuren, Schauspielern und unabhängigen Filmproduktionen!

Lebensmittelpunkt: Barcelona – ansonsten überall erreichbar.

Mr. Rosario – von mir kurz ‚Rosa‘ genannt, Brasilianer, knapp 2 m groß, Vater von acht gesunden Kindern und gleichzeitig auch ein Multitalent der Filmkunst – beschenkte hauptsächlich den Doppelkontinent Nord- und Südamerika mit herausragenden Abenteuerfilmen, für die er sowohl als Regisseur als auch Produzent seinen Kopf gerne hinhielt. Rosa wechselte auf Einladung von *Gino Cavaro* nach Barcelona – wo er mit seiner Familie dann auch hängen blieb.

Monsieur **Henri Georges de Beaumarchais,** den Ulli Lommel während seiner aktiven Zeit als Starschauspieler bei einer Fernsehproduktion kennenlernte.

Dieser Mann mit seinem atemberaubenden Namen, der klang, als sei er in diesen Minuten der „Blütezeit der französischen Literatursalons" entsprungen, übte während einer Ulli Lommel Fernsehproduktion die Tätigkeit der *„einfachen Kabelhilfe"* *beim Fernsehen* aus!

Wobei er in diesem Job schon den höchsten Grad an Anerkennung erreichte, denn er trug die Kabel von Punkt A nach Punkt B „lautlos und ohne störende Geräusche!"

Auch heißt es in Fachkreisen: „Eine perfekte *Kabelhilfe* ist nicht zu sehen und nicht zu hören!"

Nun tritt hier aber nicht nur die Einmaligkeit dieses Menschenkindes mit dem Namen ‚*de Beaumarchais*' auf den Plan, nein, auch ein „optisches Merkmal" trat bei diesem der Zeit enteilten Herrn in den Vordergrund – und zwar derart vehement, dass es den STAR dieser TV-Produktion – Ulli Lommel – begeisterte.

Was war denn hier nun wirklich geschehen, dass der smarte Mr. Lommel derart ins Schwärmen geriet?

Eigentlich gar nicht viel – außer, dass Monsieur de Beaumarchais die ihm anvertrauten Kabel mit „*weißen Handschuhen*" in europäischen Fernsehstudios zu tragen pflegte!

Anmerkung:

Ein (Studio-) Fernsehkabel ist dreckig – und in solchen Situationen sich weißer Handschuhe zu bedienen, ist nichts anderes als „exzentrisch *genial*!"

Ulli war derart fasziniert, dass er umgehend beschloss: Diesen Mann aus *Savoca* im Osten *Siziliens* muss ich, koste es, was es wolle, in mein Produktionsteam locken.

Denn nur mit solch *unerschrockenen* Zeitgenossen – und dazu noch einem ausgewiesenen Technik-Genie – wird Ulli Lommels Produktionsteam zu neuen Ufern aufbrechen können.

Und es geschah halbwegs so, wie es sich Ulli wünschte: Eines Tages konnte er auf die Dienste dieses ungekrönten Königs der verschmutzten Kamerakabel zurückgreifen, allerdings mit einer kleinen Einschränkung: Seinen Wohnsitz und Lebensmittelpunkt „Wien" behielt *Henri Georges* bei – und beschränkte seine Auslandsreisen auf die Länge von maximal sechs Wochen pro Film!

Nichtsdestotrotz stand er fortan dem Team Lommel wohlgesinnt **vis-à-vis** und arbeitete ebenso ab und zu für meinen Freund „Rosa", meist dann in Barcelona und Madrid.

Nach weiteren 2 Jahren besaß auch *Henri Georges de Beaumarchais* das „Diplom des Kameramannes" und wirkte auf diesem Feld auch in selbstständiger Mission und überaus erfolgreich!

Wie schon ausführlich berichtet, lernte ich erst durch dieses sizilianische Genie den Ulli Lommel in München kennen.

Ich selbst, Jeff Parc, schreibe gerade an meinem 3. Buch: Jeff Parc – Retro. Neben meiner Zeit als Schauspieler arbeitete ich darüber hinaus und in vielen Jahren immer mal wieder – mit guten Freunden – am Erfinden neuer TV-Show-Konzepte, wovon ich hier nur kurz zwei erwähnen möchte: Das erste hieß „Mensch ärgere dich nicht", das zweite war dann unser „Der Azubi-Showdown" – eine Show exklusiv für und mit Lehrlingen, die mir sehr am Herzen lag.

Verkaufen konnten wir keines dieser beeindruckenden Konzepte – was wir allerdings innerhalb des Prozesses unseres Anbietens lernen durften, war, dass die Antworten der TV-Sender, bei denen wir die Shows anboten, ebenso langweilig wie ihre sogenannten Showprogramme waren.

Wir junge Männer hatten jedenfalls hemmungslosen Spaß beim Entwickeln dieser Shows ...

Des Weiteren liebte ich es, in den entferntesten Winkeln dieser Erde „Filme" zu finden, die ich dann versuchte, auf große, bedeutende Festivals dieses Planeten zu bringen – wobei mein größter Coup ein Film namens

„Manganinnie" aus Tasmanien/Australia war, den ich nach Chicago/USA zum dortigen Kinderfilmfestival brachte.

Hier eine kurze Inhaltsangabe aus „Wikipedia":

„Manganinnie ist ein mit dem AFI-Preis 1980 ausgezeichneter Film, der die Reise der Manganinnie verfolgt, einer tasmanischen Aborigine-Frau, die mit der Gesellschaft eines jungen, verlorenen weißen Mädchens namens Joanna nach ihrem Stamm sucht.

Er basiert auf Beth Roberts gleichnamigem Roman, wurde von John Honey gedreht und war der erste Spielfilm, der von der kurzlebigen Tasmanischen Film Corporation finanziert wurde."

Info: AFI/American Film Institute

Das „American Film Institute" ist eine unabhängige und gemeinnützige US-amerikanische Organisation mit Sitz in 2021 N Western Ave, Los Angeles, CA 90027, USA.

Übersetzt via Internet:

Manganinnie is an AFI Award-winning 1980 film which follows the journey of Manganinnie, a Tasmanian Aboriginal woman who searches for her tribe with the company of a young, lost white girl named Joanna. Based on Beth Roberts' novel of the same name, it was directed by John Honey and was the first feature film to be financed by the short-lived Tasmanian Film Corporation.

Photoarchiv: Jeff Parc

The Chicago International Children's Film Festival

Die Direktorin des Chicago-Festivals, Frau Elizabeth Shepherd, schrieb mir damals dazu:

"It is very rare indeed to see a film as beautiful, sincere thought-provoking, and technically superior as **Manganinnie.**

I would like to invite you to show the film in the Asian Panorama Section of the Chicago International Children's Film Festival."

Übersetzt via Internet – translated via internet:

"**Es ist sehr selten**, einen Film zu sehen, der so schön, aufrichtig, zum Nachdenken anregend und technisch so überlegen ist wie Manganinnie.

Ich möchte Sie einladen, den Film in der Sektion Asien-Panorama des Internationalen Kinderfilmfestivals von Chicago zu zeigen. Ich hoffe, dass dies möglich ist."

Mit freundlichen Grüßen,

Elizabeth Shepherd,

Direktorin des Internationalen Kinderfilmfestivals von Chicago.

PS

Diesen Film verkaufte ich zum Beispiel nach Paris, in Deutschland fand ich keine Abnehmer.

Rosario, der Filmer aus Brasilien

a new pop star named **amelie**
ein neuer popstar namens amelie

Photo by Alexander Krivitskiy – *Amelie Naubrun*

Info: Melodrama

Das Melodrama bezeichnet ein Filmgenre, das sich inhaltlich und formal primär mit emotionalen und innerseelischen Konflikten beschäftigt.

184

‚Rosarios' Assistentin Justine erreichte mich während einer spannenden Pool-Billard-Partie in Kopenhagen, wobei sie mir verriet, dass ich in Rosas neuem Film, einem Melodrama, eine Hauptrolle übernehmen sollte. Weiter erfuhr ich, dass Rosa für sein Melodrama alles zur Hand hatte, was wahre Meister zum Erfolg brauchten: Leichtigkeit und Freude, zwei tolle Hauptdarsteller, Nebendarsteller, die alle wie Stars aussahen – nur konnten die denn alle Psychologie?

Als ich mir Rosas Drehbuch näher anschaute, dachte ich bei mir: „Lass es, lieber Freund, das bringt uns kein Glück – unsere Leidenschaft sind Abenteuer Storys, Krimis und Thriller. Aber bitte doch keine auf die Psyche bezogenen Kunststücke!"

Photo: Mikael Andreasson – unsere Burg während der Dreharbeiten!

70 Tage später stand ich mit meinem Köfferchen vor einer Burg, irgendwo außerhalb von Paris, die mir ein junges, sehr charmantes und noch dazu französisches Burgbesitzer-Paar öffnete und mich einlud, einzutreten.

Innen, im unüberschaubar großen Erdgeschoss, saß alleine und nahe an einem riesigen Kamin eine junge, attraktive und auch etwas verträumt wirkende Mittzwanzigerin, die mich mit den Worten begrüßte: „Jeff, komm, setz dich zu mir – es ist kalt da draußen."

Eine derartige Begrüßung klang ein bisschen ausgefallen, aber aus ihrem Mund doch auch unvergessen charmant!

In den folgenden zwei Stunden erfuhr ich, dass die junge Dame, eine gebürtige Pariserin mit Namen *Amelie Naubrun*, die absolute Hauptdarstellerin unseres Filmes war – und somit meine direkte Partnerin.

Gefilmt hatte sie bisher nie, dafür aber zwei Jahre lang *bedeutende* Rollen im Theater in Lyon gespielt.

Die Dreharbeiten hatten ja erst vor einer Woche begonnen – trotzdem flüsterte mir Amelie zu, dass sie den Eindruck hatte, dass Mr. Rosario, unser Regisseur und gleichzeitig auch ein enger Freund von mir, inzwischen nervös und auch etwas angeschlagen wirkte.

Ja, sie flüsterte mehr – als sie sprach.

Etwas besorgt, aber trotzdem immer noch sehr charmant und vielleicht ja auch *pariserisch* – klang das alles.

Soweit unser erster, kleiner small talk, denn in diesem Augenblick öffneten die jugendlichen Burgbesitzer das Eingangstor ihrer „Burg" und begrüßten Rosa samt Cast: Bestimmt an die 15 junge Schauspieler, m/w, wovon alle irgendwie aussahen, als wären sie mindestens heranwachsende Stars!

Dem war natürlich nicht so, wie ich später erfuhr, denn alle, außer der charmanten Hauptdarstellerin Amelie, rannten tagein, tagaus mit ihren Mappen voller Schauspielerfotos unterm Arm von einer zur anderen Filmproduktion, um irgendwann einmal zu hören, dass sie zum Favoritenkreis gehörten, aus dem man dann *eine* Person benannte, die den etwas kränkelnden Hund der Hauptdarstellerin zum Tierarzt fahren durfte.

Foto: Meet Dagar

Aber es muss natürlich nicht zwingend so sein – man kann ja auch mal Glück haben und in irgendeiner drittklassigen Schauspieleragentur einem Starregisseur wie

Mr. Rosario begegnen, der traditionell alle zwei Jahre einen Low-Budget-Film vorbereitete, um jungen Darstellern Rollen zukommen zu lassen und noch jüngeren Drehbuchautoren zu helfen, ihre ersten Schreibversuche seinen bekannten Filmkollegen vorzustellen.

In diesen komplexen Filmvorgängen wird für kleines Geld engagiert, wer sich geduldig in die langen Schlangen von sowohl Schauspielern als auch Autoren einreihte.

Der abendliche Einzug in die Burg und die herzliche Begrüßung mit den französischen Burgeignern war inzwischen *Geschichte*, als „Rosa" sich aus dem Kreis seiner Nebendarsteller gut gelaunt verabschiedete und direkt in die schon ausgestreckten Arme *Amelies* hineinflog.

Der Mann ist fast 2 m groß!

Nach Bussis hin und her und vielen *flammenden* Worten, spielte er dies Spiel deckungsgleich mit mir, ehe er uns beide dann an den Händen packte und völlig losgelöst von irgendwelchen hinter ihm liegenden und sehr anstrengenden Drehtagen so was Ähnliches startete, was wir früher „*Ringelreigen"* nannten:

Ein Spiel, ein Tanz, bei dem sich Kinder bei den Händen fassten und im Kreis herumhüpften.

Unser „Ringelreigen Spiel":

Photo: Jeshu John

Diese Sondervorstellung dauerte so lange, bis Rosa abrupt stehen blieb, Amelie, Jeff und der gesamten Truppe cool grinsend ins Gesicht schaute und Folgendes – sehr getragen – verkündete:

„Ab morgen werde ich ‚Amelie' in eine **Gesangsprinzessin** verwandeln – freut euch bitte alle darauf."

Nach einer kleinen Pause fuhr er fort: „Bitte, seid mir nicht böse, aber alles Weitere erfahrt ihr morgen beim Frühstück um 11 – Okay, und schlaft bitte alle sehr gut und vor allem ‚tief'!"

Da fiel mir doch spontan Jean-Luc Godards *Reflexion* ein: „Film ist etwas, das das Leben fotografiert."

„Ja", sagte ich zu mir – denn ich vermutete, Rosa hatte inzwischen begriffen, dass er mit seiner jungen Besetzung seinem Melodrama Drehbuch keinen Gefallen tat!

Er musste zurückrudern – und zwar dorthin, wo er herkam: Denn wie eigentlich kein zweiter Regisseur begriff er seine Filme ausschließlich als Unterhaltung.

Und exakt deshalb inszenierte er dieses Ringelreigenspiel als eine Art von Kinderspaß, um allen Melodrama-Ballast der letzten Drehtage abzuwerfen – und dafür den Aufstieg seiner Hauptdarstellerin Amelie als junge Popsensation aus ärmsten Pariser Verhältnissen der Welt zu präsentieren.

Tief griff „Rosa" dafür in seine Trickkiste, schrieb allabendlich die Dialoge für den nächsten Drehtag, um alles so glaubwürdig wie nur möglich vermitteln zu können.

Was ihm mit dieser Methode gelang, war Amelies aufwühlende Geschichte in einer Art und Weise zu erzählen, die das Publikum mitten hineinversetzte in ihre schwierigen Anfänge, zu denen all die mehr als schäbigen Kleinveranstaltungen gehörten – bis hin zum Erfolg!

Parallel dazu illustrierte er Amelies normales, dann in Aufruhr gebrachtes und final stabilisiertes Gefühlsleben!

Ich begriff in dieser Sekunde Rosas *Taktikwechsel* – niemand anders als *Amelie* selbst inspirierte ihn in der letzten halben Stunde dazu – ihr *Wesen* war wie geschaffen für seine neue Geschichte …

‚Rosa musste handeln, wechselte wie beschrieben die Thematik und ritt somit sehr geschickt auf den gerade äußerst beliebten „Emotionswellen", die hemmungslos sowohl ausufernden Jubel als auch locker dahinfließende Tränen erzeugten.

Die Medien vor Ort, die ja die völlig undurchsichtigen Ereignisse der ersten Drehtage in Paris im Sekundentakt ins Netz stellten, sprachen nach Rosas *Wechsel in eine andere Filmgattung* von einem spektakulären *Filmwunder* – und folgend auch von Darstellern, die kein Mensch weltweit hätte besser auswählen können ... als Mr. Rosa: der Geniale!

Denn plötzlich passten all die nach Ruhm lechzenden Jungstars perfekt in „Rosas" neue Geschichte vom „Aufstieg *Amelies zur Popsensation.* "

Ganz PARIS lag Rosa zu Füßen!

„Rosas" *weltweites* Publikum machte *seinen* Streifen zum umjubelten Erfolg – so kann Film auch gehen!

PS Dass er mit diesem Taktikwechsel die Drehzeit verdreifachte, hat am Ende keinen Menschen dieser Welt gekümmert ... denn beim Film zählt einzig und allein der Erfolg!

„Die Nacht der Nächte"
– a little fairytale –
Ein kleines Märchen

Foto: Tosa Vlad

Nach einigen wunderbaren Monaten des vielen verloren gegangenen „Müßiggangs", war ich auf dem Weg nach Barcelona, um einen jungen Nachwuchsregisseur aus Toledo zu treffen. Arrangiert hatte das Meeting mein sizilianischer Freund *Gino*.

Pedro, so hieß der junge Glamourboy der spanischen Filmszene, schaute mir tief in die Augen und fragte, ob ich immer so aussähe, wie ich gerade aussah – worauf ich lächelte und ihn wissen ließ:

„Ja, immer wenn ich mich beim Film vorstelle, geh ich vorher zu meiner Mummy, die mich cool stylt – das gefällt ihr und mir – und Dir?"

Abenteuerlustig wie dieser Pedro aus Toledo durchgehend zu sein schien, reichte er mir milde lächelnd einen Packen Papier, bekritzelt mit irgendwelchen für mich unleserlichen Hieroglyphen, die mir Freunde am nächsten Tag entzifferten und die nichts anderes erzählten, als eine *todesmutige* Mafia-Story:

„Alles drehte sich in Pedros (Film-) Geschichte um den smarten Studenten „Jacopo" aus Palermo, einen von vier Söhnen der prominent und stinkreich aufgestellten Mafia-Familie Agnesia."

Kein anderer als *Jeff* Parc sollte diesen Mafiasohn spielen!

Dieser Jacopo alias meine Wenigkeit war sechs Monate mit seiner großen Liebe „Anna" zusammen, als das Unglück uns beide zu überrennen drohte!

Was war geschehen?

Der Familie passte diese Anna nicht, obwohl sie von faszinierendem Aussehen und hochbegabt war – aber halt bettelarm und von niederem Stand!

Dazu gesellte sich noch, dass sie aus dem schlimmsten Viertel nicht nur von Napoli, nein, sondern von ganz Italien kam: „Scampia!"

Ich liebte meine Familie, nur was meine Anna betraf, ging sie mir hier entschieden zu weit – in der Liebe *Fristen zu setzen*: Für mich ein No-Go!

Umgehend kontaktierte ich meinen *beeindruckenden* Verstand, um diesen zu bitten, einen Plan auszuarbeiten, mithilfe dessen wir uns aus diesem immer ungemütlicher werdenden Umfeld entfernen könnten.

Nun, mein treuer Freund, der Verstand, ließ mich nicht im Stich, sondern gab Anweisung, meine *Anna* an die Hand zu nehmen und nach Mailand aufzubrechen, um dort den Ex-Mafioso *Manfredo* zu besuchen, der vor circa 15 Jahren seine engen Bande mit meiner Familie von einem Tag auf den anderen auflöste.

Warum? Keine Ahnung! War mir auch egal.

Ich darf es vorwegnehmen: Dieser *Manfredo*, ein immer junger Italiener, war unser beider Glücksbote.

Als authentischer Südländer war er seit Jahrzehnten darin geübt, die Frau in toto zu ehren!

Als er genug von unserer „dramatischen Situation" gehört hatte, ging er zum Angriff über:

Er nahm beide Hände Annas in die seinen und hörte von da an nicht mehr auf, uns beide mit Glück zu überschütten!

Was ging denn da ab?

Nun, es gibt Momente in unserem Leben, die wir nicht versuchen sollten zu ergründen – da passieren Dinge, die Menschen gefallen oder auch nicht

Manfredo, der immer junge Norditaliener.

Graphic: OpenClipart-Vectors

Bei Anna und mir war es so, dass Manfredo uns einen *Einbruchstipp de luxe* unterbreitete:

Manfredo: „Dein Ziel, Jacopo, ist in downtown Barcelona ein merkwürdig geformtes Mini-Klappfenster in einem Dach – in der Häuserschlucht auf dem Foto hier allerdings kaum zu erkennen!

Dort dahinter, in der vielleicht 475 qm großen Altbauwohnung, befindet sich das pseudo-märchenhafte Land der weltweiten und millionenschweren Poker-Mafiosi.

Photo: Alfons Taekema – Barcelona ... und die vielen Millionen!

Meine Ex-Freunde kommen hierzu aus allen Ecken dieses Planeten angereist, um Teil dieser einzigartigen, millionenschweren *POKER NIGHT* zu sein.

Gewisse Sicherheitsvorkehrungen gibts natürlich – die nimmt aber keiner ernst.

Wer der alleinige Besitzer dieser dort im wahrsten Sinne des Wortes sorglos herumliegenden Pokermillionen sein möchte, muss lediglich diese Eigenschaften die seinen nennen:

Unverfrorenheit, Kühnheit, **Chuzpe,** Respektlosigkeit, Schamlosigkeit, Dreistigkeit und Unverschämtheit!

So ausgerüstet – samt einem Team der allerdreistesten Spezialisten – wird euer *Coup* gelingen, Jacopo!

Ich selbst habe noch nie irgendeinen Anlass gesehen, um über dieses Ereignis zu sprechen – erst eure Story hat mich überzeugt, diesen immer arroganter auftretenden Finanzkapitalisten eins auszuwischen."

Niemand außer diesem smarten Ex-Mafioso *Manfredo* hätte mich tiefgründiger instruieren können – außerdem überreichte er mir mehr als genug Bargeld an diesem denkwürdigen, italienischen Nachmittag, mit dem ich solch einen Jahrhundert-Coup ja auch erst in die Wege leiten konnte.

Unsere mündliche Vereinbarung stand wie folgt: 25 % bekam er, Anna und ich 75 %, wovon ich alle Dienstleistungen vor Ort beglich!

Bei meiner ersten „Besichtigung" des mächtigen Hauses – zusammen mit dem Hausmeister, den ich mir nicht korrupter hätte vorstellen können – war mir klar, dass kein lebender Mensch auf dieser Welt in dieses Klappfensterchen hineinpasste!

Der nächste Schritt war, dass mir mein optimistischer Hausmeister – kein Wunder bei der Summe, die er von mir bekam – Spezialisten besorgte, die mir zur Hand gingen: Wie zum Beispiel die vielköpfige und reichlich kaltblütige Polizeigang plus der allerbesten Profis der Elektronik-Branche und ihrer Freunde vom Klappfenster-Service, denn nur mit dieser Art von Männern war ein problemloser Ablauf einer solch irre gefährlichen Jahrhundertaktion zu bewältigen.

Trotzdem: Der Tod war gefühlt so nah wie noch nie in meinem Leben bisher!

Als man mir nach Wochen der minutiösesten Vorbereitungen signalisierte, ich könne starten, kam es mir wirklich so vor, als spazierte ich durch einen verwunschenen Märchenwald, in dem sich alle Bösewichter schon schlafen gelegt hatten – und ich nur noch all die in einer Art von offenen, namentlich jedoch gekennzeichneten Pappschachteln herumliegenden Millionen von Euros einzusammeln hatte.

Treffpunkt danach war ein großer, unauffälliger Liefer-Wagen, in dem all meine „Freunde" auf ihr vereinbartes Salär warteten, um danach ungestört den weiteren Sommer genießen zu können.

Kaum war der Job „Geschichte", als auch ich glücklichst neben meiner Anna in unserem eigenen, ältlichen VW-Bus saß – beschallt vom US-Song:

„Up Up and Away, my beautiful, my beautiful Balloon" – von der US-Gruppe „5th Dimension."

Während unserer Gespräche im Bus, ließ mich Anna immer wieder wissen, wie überglücklich sie sei, endlich nur noch mit mir ihr Leben gestalten zu können.

Zwischendurch stieg sie in unregelmäßigen Abständen aufs Dach unseres Busses, um ihre Füße zu kühlen und sich die warme Luft Spaniens und natürlich auch Portugals um den Bauch wehen zu lassen – und zwar so lange, bis sie mir in nem unbeobachteten Moment im stabilen Gepäcknetz aufm Dach einschlief

Photo: rawpixel/pixabay – Anna aufm Busdach!

Guten Schlaf, Anna – wir sehn uns in Porto wieder ...

Meeting Point: Plaza Mayor – Madrid

Photo: lapping/pixabay – Plaza Mayor, Madrid

Dieser Platz war einer der wichtigsten Plätze in meinem Leben, wenn nicht der wichtigste – nicht nur, weil ich dort eine *bezaubernde* Finnin – *mit dem Doppel-‚ee' in ihrem finnischen Vornamen ‚Leena'* – kennenlernte, mein Freund Gino mir einen grandiosen Filmer vorstellte, mit dem ich nicht mal einen einzigen Film zusammen drehte, nein, sondern weil mir dort auch die kleinen, wirklich coolen Momente *(m)eines* Lebens begegneten.

Für manchen Snob scheint es ja cool zu sein, eine Menge Kohle in kurzer Zeit zu verdienen und sich mit tollen Damen selbstgefällig blasiert in voll besetzten Weltstadtcafés herumzutreiben. Nur – ob das cool ist: eher nicht.

Was *ich* dagegen prinzipiell als cool empfinde, war zum Beispiel ein kleines Erlebnis, welches mich – *ähnlich wie in einem Traum – unerwartet* besuchte:

Ich saß alleine inmitten eines übervollen Cafés auf dem *Plaza Mayor* in Madrid, las sporadisch in einem Journal und schaute mir dazwischen immer mal wieder die Menschen und den azurblauen Himmel an, als mich wie aus dem Nichts kommend *zart gehauchte Luftküsse* trafen, abgesandt von zwei bezaubernden madrilenischen Teens, die gerade im Begriff waren, das vollbesetzte Café zu verlassen.

Es fehlte nur noch, dass viele der auch teilweise mondänen Cafébesucher, die dieses nonchalante Spektakel der zwei coolen Teens mitbekamen, aufstanden, um ihnen und dem Empfänger der Luftküsse zuzujubeln.

Was ich mir augenblicklich in dieser für mich inzwischen surreal*en* Situation vorstellte, war, dass sich ein bis dato nicht sichtbarer Gast *unseres* Cafés erhob, sich frontal zum gesamten Publikum positionierte, um uns allen vor Augen zu führen, wie ein *italienischer Dirigent* einen der faszinierendsten italienischen Pop-

202

Rock-Klassiker von *Umberto Tozzi* mit dem Titel „Ti Amo" interpretiert.

Die Antwort aller Cafébesucher auf dieses Spektakel konnte nur sein, sich ebenfalls zu erheben und *unisono* aus sanften Kehlen „Ti Amo" auf *madrilenische* Art zu performen.

Solch hinreißende Bilder erfreuten bestimmt nicht nur dieses voll besetzte Café inmitten einer der faszinierendsten Weltstädte – nein, sie verzauberten mit Sicherheit auch viele kleine und große Cafés dieser Erde – so sie denn eine Episode wie die geschilderte jemals erlebten.

Unser *italienischer* Dirigent in Madrid.

Clker-Free-Vector-Images

photo: Filip Sablatura

Ob dieses bezaubernde, kleine **The Little Cafe** hier oben auch eine solche Szene wie die von mir geschilderte in Madrid je erlebte?

Insgesamt war ich x-fach beruflich in Spanien, dreimal alleine für je nen längeren Zeitraum in Madrid: Das erste Mal von einer spanischen Filmproduktion für einen TV-Krimi engagiert, das zweite und dritte Mal lotste mich dann mein sizilianischer Freund Signore Gino Cavaro nach Madrid, um jeweils über viele Monate hinweg für drei verschiedene Filmproduktionen smarte Ganoven zu spielen.

Da mich meine finnische Freundin, wann immer sie Zeit hatte, an den jeweiligen Drehorten besuchte, ließ sie es sich dort dann auch nicht nehmen, mich in meinen wohl verdienten, meist kurzen Drehpausen zu fotografieren:

2

Drehpausen-Pics ... aus Spanien.

Dieses Bild stammt aus meinem letzten Krimi, den ich in Andalusien fürs argentinische Fernsehen gedreht hatte.

PS

Jeff envía sinceros saludos a España... y especialmente a la maravillosa ciudad cosmopolita de Madrid!

Mein italienischer Spaziergang in Prag

Bei Freunden außerhalb der Stadt. photo: Zonc_Photos

Wie die letzten Tage auch, so war ich an diesem trüben Tag alleine auf einem Spaziergang, der mich von *Milos* Haus am Hang in den unten im Tal gelegenen Teil des Prager Vorortes führte – als ich in einer schmalen Straße hinter zwei wild gestikulierenden *Italienerinnen* zu laufen kam.

In weiter Ferne sah ich einen großen (Linien-) Bus sich nähern, den ich spontan mit den zwei italienischen Damen in Verbindung brachte. Die zwei munteren Frauen verschärften dann auch tatsächlich ihre Gangart, um möglicherweise diesen Bus noch zu erreichen.

Nur – wo war hier überhaupt 'ne Bushaltestelle?

Ich sah keine weit und breit und überlegte rasend schnell, was zu tun war, als mir auch schon einfiel, dass ich während meiner Schauspielausbildung in Amsterdam ein Fach namens PANTOMIME belegt hatte:

Mit dieser Besonderheit dekoriert – trat ich an diesem trüben Prager Morgen zum ersten Mal ins Rampenlicht, spazierte auf die Straße, um in der nächsten Sekunde mit beiden Armen idiotische Kreise in den Prager Himmel zu malen – ob das was mit Pantomime zu tun hatte und ob ich damit 'nen vielleicht noch etwas schläfrigen Prager Busfahrer zu einem kurzen Halt animieren konnte, stand vorerst in den Sternen …

Aber, Moment mal, wo war ich denn hier gelandet?

Eindeutig nirgendwo anders als inmitten einer verzückenden Slapsticknummer, in der der Prager Linienbusfahrer mir vorführte, was er innerhalb von Sekunden lernte, wofür ich zumindest ein Semester Pantomime benötigte:

Cool kopierte er das schwungvolle Spiel meiner Arme und Hände, um Sekunden später sein schweres Gefährt *punktgenau* vor den Füßen der Italienerinnen zum Stillstand zu bringen!

Das Besondere an dieser *Pantomimen-Harmonie* war, dass neben dem tschechischen Busfahrer und mir auch beide Damen aus Italien es sich nicht nehmen ließen, unser anscheinend atemberaubendes *Spiel mit den*

Armen zu imitieren – und während sie freudestrahlend die Treppen des Busses hinauf stiegen, riefen sie mir freundlichst zu:

grazie caro sconosciuto per il tuo sostegno –

Vielen Dank, lieber Fremder, für deine Unterstützung!

Als auch ich ihnen dann noch ein CIAO hinterherwarf, sah ich, dass beide den charmanten Busfahrer herzlich umarmten – und es uns vier an diesem Prager Vormittag *zweifelsfrei* gelungen war, ein Gefühl von lebendiger Lebensfreude entstehen zu lassen.

Welch ein *italienisches Spettacolo* an einem trüben Prager Tag ...

Nachtrag:

Ein solch spektakulärer Zwischenfall gehört umgehend dem Büro des Bürgermeisters der Stadt Neapel gemeldet, um sowohl den unbekannten, armschwingenden Schauspieler Jeff Parc als auch den Prager Linienbusfahrer für die demnächst anstehende *Verleihung* des gerade neu ins Leben gerufenen, multidisziplinären Kommunikationsordens der Stadt *Napoli vorzuschlagen.*

Lang lebe Neapel!

Der gerade neu entworfene, neapolitanische Orden!

Lunga vita a Napoli!

Photo: 012

Schauspieler-Gespräche in Prag

Mein tschechischer Schauspielerfreund *Milos* und seine bezaubernde Freundin *Olina* luden mich zum Abschied meines einwöchigen Besuches in ihr Lieblingslokal außerhalb der Stadt ein. Der *Höhepunkt* unseres Treffs war eine 30-minütige Darbietung einer Commedia dell'arte-Truppe aus Prag.

Clker-Free-Vector-Images – Commedia dell'arte.

Alles in allem waren wir bestimmt an die zwanzig Künstler, m/w, die an einem rustikalen Holztisch zu sitzen kamen.

Kaum hatte sich die anfängliche Unruhe etwas gelegt, befanden sich die meisten von uns schon inmitten intensiver Filmgespräche.

Eine noch sehr junge Theaterschauspielerin aus Prag warf dabei einen sehr interessanten Satz eines weltweit bekannten US-Stars in die Runde, der sagte: „Ich glaube nicht, dass der Regisseur unseres Filmes wusste, wovon sein Film handelte – apropos, auch ich, als Star unseres Films, wusste es nicht!"

Das kann man ja erst mal so stehen lassen – nur die Sache hatte einen Haken: Man engagierte in diese doppelte Ahnungslosigkeit hinein eine Schauspielerin ohne Filmerfahrung – sollte sie die Probleme lösen, die die Protagonisten selbst nicht verstanden?

Das Ende dieser monatelangen Ahnungslosigkeit war weder für den Film selbst noch für die junge Film-anfängerin erfreulich: Denn jeder hackte auf jedem herum.

Was viele da draußen in der hektischen Filmwelt aber gar nicht verstanden, war, dass die Macher dieses Films das Ganze auch noch als eine Art von KUNST verkauften.

So wie Millionen von Menschen weltweit, sah auch ich diesen Film: nur keine *Kunst* darin!

Dieser Einwurf der jungen Schauspielerin aus Prag war nun *ein* Thema der nächsten zwei Stunden, *da es uns alle, m/w, anging!*

Der zweite, große Einwurf unseres Abends kam von mir – und betraf die Arbeit von „Drehbuchautoren."

Das war 'ne Thematik anlässlich der Berliner Filmfestspiele 2016 – der **Berlinale** – und der Bericht, den ich hier in Auszügen wiedergebe, kommt vom bekannten Regisseur *Dominik Graf.*

Meine, Jeffs, *eigene* Autorentätigkeit lag zu dieser Zeit schon Jahre zurück, als ich durch Zufall Herrn Grafs Veröffentlichung las:

„Mitten in der Nacht erhielt ich diesen quasi Hilfeschrei einer befreundeten Drehbuchautorin: K*einer liebt einen mehr für das, was man schreibt*: ohne Groß- und Kleinschreibung, ohne Satzzeichen.

Dieser Hilferuf mag entstanden sein im Orkan einer impertinent befohlenen *Verbesserungsorgie* bei irgendeinem TV- oder Kino-Großprojekt – vielleicht aber auch in der Trauer über ein in Ensemble-Diskussionen zerstörtes ,Tatort'-Drehbuch.

Sie traf jedenfalls den deutschlandweiten Nagel, was die persönliche und die professionelle Situation der *Drehbuchautoren* angeht, präzise auf den Kopf.

Inzwischen, sagt man, sei alles ja noch viel schlimmer.

Liebe zu den Projekten und Büchern erwartet sowieso keiner mehr. Autoren sind überwiegend Werkzeuge, derer man sich bedient. Funktionieren sie nicht nach den Wünschen der Entscheider, werden sie ausgetauscht.

TV-Intendanten bauen derweil ihre Sender für die ‚Zukunft' um und geben dabei Geld aus, das den Kreativen, den Produktionen vorenthalten wird.

Eine Branche mit angeblichen Talenten im Überfluss dünnt sich selbst aus, kastriert sich, arbeitet sich vor allem an den Drehbüchern ab bis zur Untotheit.

Jedes Fiction-Projekt, abgesehen von ‚Tatort u n d Polizeiruf', ist bedroht, könnte stets kippen, weil das Geld anderswo in der Bürokratie gebraucht wird.

Eine Branche in Angst Starre."

Vielen, wenn nicht allen meiner internationalen Zuhörer stockte der Atem – beim simplen Vorlesen dieses Textes.

Trotzdem verlief unser Abend ‚friedlich', den Heimweg traten wir alle sehr nachdenklich an!

Der Pate: Marlon Brando

Spruch: Brando

„Ich lernte eine ganze Reihe Mafiosi kennen und alle erzählten mir, sie liebten den Film, weil ich den *Paten* mit Würde spielte. Bis heute lassen sie mich in Little Italy keine Rechnung zahlen."

New York – Little Italy.

„Die vernetzte Isolation"

Foto: Clker-Free-Vector-Images – Diogenes in der Tonne.

Diogenes, der Zyniker – antiker, griechischer Philosoph.

Vor einiger Zeit rief mein Freund *Gino Cavaro* an, um herauszufinden, ob ich mir vorstellen kann, mich bei einem der *innovativsten* Filmemacher Europas vorzustellen: Es ging um den englischen Regisseur Peter Lash – 26 Jahre jung.

Dieser junge Maestro hatte mich in einem meiner Filme gesehen und war seitdem erwartungsfroh, mich in seinem neuen Film mit dem Titel *„Die vernetzte Isolation"*, als einen von 20 Hauptdarstellern, einzusetzen.

Ich erbat Bedenkzeit, da ich eigentlich alles andere als ein Social Media Typ war – und, um ehrlich zu sein, interessiert mich das Thema auch heute nur am Rande.

Trotzdem war meine Neugierde – alleine schon durch den herausragenden Titel „Die vernetzte Isolation" – geweckt, sodass ich zur ersten Drehbuchbesprechung zuversichtlich in London auftauchte.

Und das war gut so, denn wir 20 Schauspieler erfuhren, was unser Regisseur gegen die massiv überhand nehmenden Desinformationen im Netz zu tun gedenkt: Peters „Antwort" auf Falschinformation – Fake News – war im Grunde eine einfache: Ehrliche Kommunikation, klare Sprache und Transparenz!

Filmisch setzte Mr. Lash das in einer faszinierenden, ja fast schon spektakulär zu nennenden Art und Weise um:

In weiße, lange Gewänder gehüllt – **Sokrates** lässt grüßen – ließ er uns durch 10 europäische Städte philosophierend lustwandeln, um final zu lernen, ob das VOLK überhaupt einen Nutzen aus all den Social Media Plattformen ziehen kann.

Oder ob am Ende doch alles nur heiße Luft ist, mit der die Plattformen sich Milliarden in die Taschen stecken.

Gehen wir erst mal dorthin zurück, wo alles begann: Es war die Zeit Athens um 500 bis 300 v. Chr.

Zu dieser Zeit war Athen das geistige Zentrum Griechenlands und Philosophie wurde zur öffentlichen Angelegenheit, die dann natürlich auch auf öffentlichen Plätzen stattfand. Hier erlebten die Menschen erstmals die Freiheit des Denkens im friedlichen Austausch der Argumente und Ansichten.

Antike: Zeno von Citum – „Philosoph".
Photo: dimitrisvetsikas 196

Mit **Sokrates** setzte der Beginn der klassischen griechischen Philosophie ein.

Seine Lehre entstand aus seiner Auseinandersetzung mit ‚professionellen Lehrern und Experten' samt deren Menschenbild.

Er kritisierte diese dafür, dass sie alles zu wissen glaubten, und konterte ihnen mit seinem Ideal des ‚*Nicht-Wissens*'.

Albert Einstein hat den berühmten Satz des Sokrates „Ich weiß, dass ich nichts weiß" so formuliert:

„Je mehr ich weiß, desto mehr erkenne ich, dass ich nichts weiß."

Sokrates wollte die Menschen auf diese Weise zum ständigen Hinterfragen ihres eigenen ‚Ichs' bringen.

Indem er die Athener auf den Straßen ansprach und die Gespräche mit ihnen bis ins Unendliche hinauszögerte, begründete Sokrates das Prinzip des ‚In-Frage-Stellens und kritischen Denkens'.

Dadurch versuchte er, bei den Menschen die Tugenden der Gerechtigkeit, Tapferkeit und Besonnenheit hervorzurufen.

Unser Film sollte nun an den Tag befördern, was 20 Schauspieler zur *vernetzten Isolation* zu sagen hatten – und dies in Gesprächen untereinander, viele lange Stunden pro Tag, 18 Tage insgesamt – wobei wir durch *modernste* Städte wandelten und alle Menschen, die Interesse an unserer Sache hatten, einbanden, mit uns zu diskutieren.

Der Philosoph Aristoteles, Athen. – Foto: Couleur/pixabay

Ich hatte dann doch eine feine Nase, da unbedingt mitspielen zu müssen, denn der Film schob eine Diskussion an, die dringend notwendig war, um große Teile speziell der Jugend wieder zu selbstbestimmten Menschen zu machen.

Bravo, Peter Lash!

Nachtrag: Uni-Studien

Bild: geralt

Einer Studie zufolge wirkt sich die Nutzung von sozialen Medien kaum auf die Lebenszufriedenheit von Jugendlichen aus.

Wissenschaftler der Universitäten Hohenheim und Oxford haben für die Studie ‚Understanding Society' Angaben von Jugendlichen über acht Jahre hinweg ausgewertet.

Das Ergebnis veröffentlichten die Forscher nun im Fachmagazin ‚Proceedings of the National Academy of Sciences of the United States of America' *im Mai 2019*.

„Der zweite Frühling"

„Der beste schlechte Film der Saison – das hat schon Größe." – DER SPIEGEL

Fotoarchiv: Jeff Roden

Unter der Regie meines Freundes Ulli Lommel spielte ich als Jeff Roden den Chauffeur ‚Sergio' der Gräfin Marcella (Anna Orso) ... und gab privat Lesungen aus *„ Henri Alain-Fourniers "-Buch:* Der große Meaulnes – in drei römischen Literaturcafés.

Vorne im Bild: Irmgard und Curd Jürgens. Dahinter: die Clique um Mr. Fox (C. Jürgens) , u. a.: Anna Orso, die Gräfin, ganz links – und Sergio (Jeff), ihr Chauffeur, rechts hinten, in brauner Lederjacke.

Synopsis:

Mr. Fox, *Curd Jürgens,* war ein berühmter und hoch angesehener Bestsellerautor, dadurch automatisch Mitglied des Fachbereiches der ‚Schönen und Reichen' –

von Frauen umschwärmt, von seinen frei herumlaufenden, noch ungebändigten Artgenossen beneidet!

Fatalerweise wirft ihn eine schwere Krankheit aus dem sich ständig schneller drehenden Karussell der High Society – und er ist gezwungen, anstatt umjubelter Romane nur noch billige Klatschkolumnen zu schreiben.

Nun, was fällt dem ehemals Umjubelten dazu ein? Nicht viel, außer dass er seinen Niedergang ignoriert und sich hartnäckig an seine schon lange nicht mehr existierende, glanzvolle Vergangenheit klammert.

Immerhin residiert er noch in seinem uralten, dekadenten Palazzo. Und, wie es Dramen so schreiben, verliebt sich seine bildhübsche Nurse in ihn – und umgekehrt. Beide stürzen sich zügig in eine leidenschaftliche Liebe, die einige Zeit lang dem Abgrund entrinnt – dann aber doch ihren tödlichen Preis zahlt.

Da ich von Anfang an bei den Drehbuchbesprechungen mit Curd Jürgens in Salzburg dabei war, konnte ich erahnen, wohin unsere Filmreise in etwa gehen könnte.

Und ungefähr so passierte es dann auch in Rom: Dreht man mit einem *echten* Weltstar samt ureigenem Profil, wie wir mit *Curd* Jürgens, und einem Filmabenteurer wie dem Ulli Lommel als Regisseur, ist es leicht möglich, dass man von einer komplexen Märchenwelt gefangen genommen wird …

Wenn dem so ist, lehnt man sich einfach mal zurück in seinen bequemen Kinosessel, um sich von einer Geschichte faszinieren zu lassen, die nirgendwo besser aufgehoben sein könnte als im glamourösen Rom der Siebziger.

Dass unsere story den Weg einer ‚amour fou' nahm – also einer verrückten Liebe – war römisches DRAMA pur!

Unsere zwei Glücksritter, der Regisseur samt seinem Superstar *Curd Jürgens,* ließen es sich nicht nehmen, ihre Geschichte in einer derart dramatisch-ehrlichen Art und Weise zu erzählen, dass Teilen des Publikums im wahrsten Sinne des Wortes ‚der Atem stockte!'

Ein solch Saturn-ähnliches Riesengewitter war Anlass genug für Deutschlands namhaftes Nachrichtenmagazin DER SPIEGEL, sich diese epochale Schlagzeile zu gönnen:

„Der beste schlechte Film der Saison – das hat schon Größe."

Wenn man schon den ‚nackten Hintern' eines umjubelten Weltstars zu sehen bekommt – bleibt einem ja auch gar nichts anderes übrig, als über sich selbst hinaus-zuwachsen und 'ne Headline für die Ewigkeit zu kreieren!

Meine Sicht auf unseren Film ist immer noch die, dass Curd und Ulli ein Meisterwerk der unlimitierten

Ehrlichkeit im Einklang mit fantastischen Bildern gelang, die eindrucksvoller nicht hätten sein können.

Ich selbst spielte nicht nur eine coole Rolle als Literatur interessierter Chauffeur der Gräfin Marcella, nein, da wär ich bestimmt irgendwann mal am Steuer unserer alten US-Luxuskarosse eingeschlafen; dem Vorzubeugen suchte ich mir einige Literaturcafés, in denen ich an einem Tag in der Woche Lesungen aus den Kunstwerken meiner Lieblingsschriftsteller abhielt; das waren dann zum Beispiel „Der große Meaulnes" von Alain-Fournier oder Marcel Prousts „Auf der Suche nach der verlorenen Zeit".

Schüler und Studenten hatten in allen drei Literaturcafés freien Eintritt.

Anna Orso spielte in unserem Film nicht nur die Gräfin und beste Freundin unseres Hauptdarstellers Mr. Fox (Curd Jürgens), nein, sie verzauberte auch über viele Monate hinweg unser komplettes Filmteam: ob ihrer *seltenen* Schönheit und einer in sich ruhenden Art zu spielen und zu sein.

Anna Orso
photoarchiv: Jeff Roden – Anna Orso: meine ‚gräfliche‘ Chefin.

Als „Der Zweite Frühling" dann in den Kinos lief, und mich Freunde und Bekannte aus allen nur möglichen Richtungen ansprachen, WER denn diese junge Hauptdarstellerin *„Irmgard" sei,* ging mir ein Licht auf, warum mein Freund Ulli Lommel mir lange vor Drehbeginn ein Geheimnis verriet: „Jeff, wir beide werden nach Salzburg fahren, dort einen Weltstar engagieren und mit ihm und meiner Neuentdeckung ‚Irmgard' einen Superfilm in Rom drehen."

Irmgard

Irmgard

Unsere bezaubernde Hauptdarstellerin, Irmgard Schönberg, spielte hier in Rom vielleicht sogar *die* Rolle ihres
Film-Lebens. Mich, als einer ihrer Kollegen in Rom,
fragten viele, in welchen Filmen Madame Irmgard
Schönberg noch mitspielte – um ehrlich zu sein, ich
wusste es nicht.

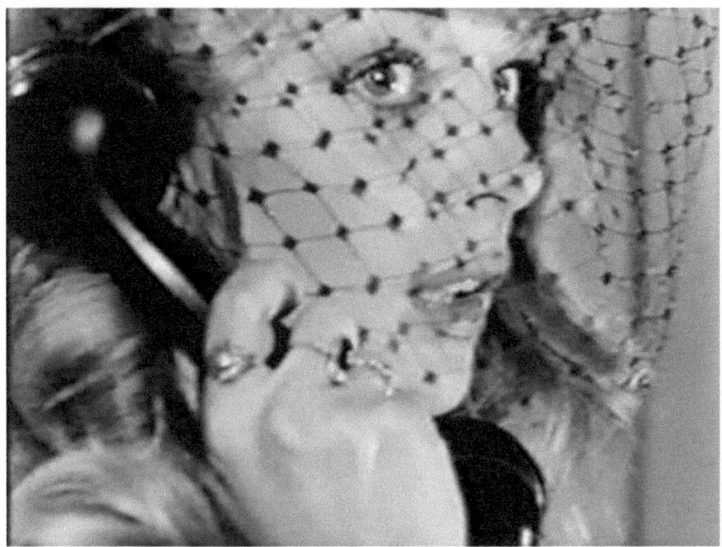

Irmgard

Irmgard mit Curd Jürgens – Spannung liegt in der
Luft …

Jedenfalls fanden viele meiner Freunde *Irmgard* nicht nur interessant aussehend – nein, sie gefiel ihnen allen auch wegen ihres frischen Spielens.

Natürlich ist es auch mir ein Rätsel, dass *Irmgard* nirgendwo im Film mehr zu bewundern war – aber wenn man, wie auch ich, keine Beweggründe kennt, ist es unangebracht herumzurätseln.

Jeff, ganz links; meine Lesung an diesem Tag besuchten: v. l. n. r.: Signora R., daneben mit Hut: ein Neffe von „**Luchino Visconti**", Irmgard, Philippe Hersent aus Paris und Anna Orso, Rom.

v. l. n. r.: Jeff Roden (Jeff Parc), Philippe Hersent und Umberto Raho – anlässlich einer Einladung zu einem der vielen umtriebigen Künstlertreffs in Rom.

Allerdings kann auch ich sagen, dass derart faszinierende Gesichter wie das von Irmgard überall fehlen.

Nur, wer die Filmgeschichte durch die Jahrzehnte verfolgte, musste sehen, welch wunderbare Schauspieler, w/m, unverständlicherweise und plötzlich von der Filmbildfläche verschwanden!

Hierzu passen meine zwei Satz-Kreationen betreffs des Schauspieler-Jobs:

„Dauerhaft beim Film zu landen, erscheint mir ähnlich schwierig, wie Käse in die Schweiz (zu) rollen."

und

„Filmschauspieler zu werden ist möglich: Schauspieler zu sein und zu bleiben ist schwieriger."

Curd und Ulli erzählten mit ihrer Geschichte meiner Meinung nach mehr über unseren damaligen Film „Zeitgeist" als viele verklemmte Kunstproduktionen.

Ulli studierte nicht nur Roms dekadente Filmszene – nein, auch nahm er deren Starfilmer ins Visier und übernahm dann wohl auch die eine oder andere Kleinigkeit hochgeschätzter Meister.

Solche Künstlerblicke ‚über den Zaun' liegen alle im Normbereich.

Meiner Meinung nach bestimmt Ullis Liebe zum Detail das komplette Geschehen: Bildkompositionen von erlesener Schönheit fesseln das Publikum, das sich inmitten einer Atmosphäre befindet, in der die Temperaturen der Darsteller regelrecht explodieren:

Foto: Merio – *Explosionsgefahr?*

v. l. n. r.: Curd Jürgens und Eddi Constantine in einem
Café an der legendären „*Via Veneto*"

Römische Film-Vorbereitungen

Ulli und sein engster Mitarbeiter Monsieur *Henri Georges de Beaumarchais* flogen gemeinsam nach Rom und legten in acht außerordentlich arbeitsintensiven Wochen den Grundstock für unseren Film „Der zweite Frühling".

Und dabei hatten sie – und ihr Produzent – mehr als genug zu tun: acht Wochen auf Drehortsuche zu sein, in acht Wochen die passenden Schauspieler aufzuspüren, in acht Wochen eine zu Ulli passende italienische Co-Produktion nicht nur zu finden, sondern auch eine einzufangen, mit der er während eines nicht leicht zu drehenden Filmes auch gut über die Runden kam. Alles war bis ins letzte Detail vorzubereiten.

Und Ulli, als Künstler geboren, zeichnete schon immer aus, dass er sich bestens zu organisieren wusste.

In diesen bewegten Zeiten drehte ich mit langjährigen Freunden einen kleinen Film in den Niederlanden, vergaß dabei aber nicht, Ulli und Henri in Rom anzurufen, um ihnen eine Adresse von italienischen Freunden im *Centro Storico* durchzugeben, bei denen sie den wahrscheinlich besten *caffè* in Rom tranken.

In Italien verzauberte gerade ein beeindruckender Musiker das ganze Land mit seinen Kompositionen: **Stelvio Cipriani.** Und diesen Maestro besuchten Ulli und

Henri, um ihm die Geschichte des Zweiten Frühlings zu erzählen. *Stelvio* war begeistert!

Signore Cipriani studierte Klavier am Conservatorio Santa Cecilia in Rom und spielte in den USA zusammen mit Dave Brubeck, einem der bekanntesten Musiker der Jazz-Geschichte.

Des Weiteren komponierte Stelvio die Filmmusik für den Italowestern: „Ohne Dollar keinen Sarg" – 200 (!) weitere Film-Kompositionen folgten, darunter befand sich auch ein von Hollywood mitfinanzierter Streifen mit dem Originaltitel: „Tentacoli" mit *John Huston* und *Henry Fonda* in den Hauptrollen. Stelvio Cipriani arbeitete hauptsächlich in Italien.

Eddie Constantine – Irmgard dirigiert Stelvios Band

In der Schlussszene unseres Films singt *Eddie Constantine* den Titelsong „Little Lady" – Irmgard Schönberg dirigiert Stelvio Ciprianis Band.

Eddie Constantine – Irmgard – und Stelvios Band

Titelsong des Zweiten Frühlings:

Music by Stelvio Cipriani (IMDb) – Little Lady:
Eddie Constantine

Ullis (fast) unsichtbare Kamera

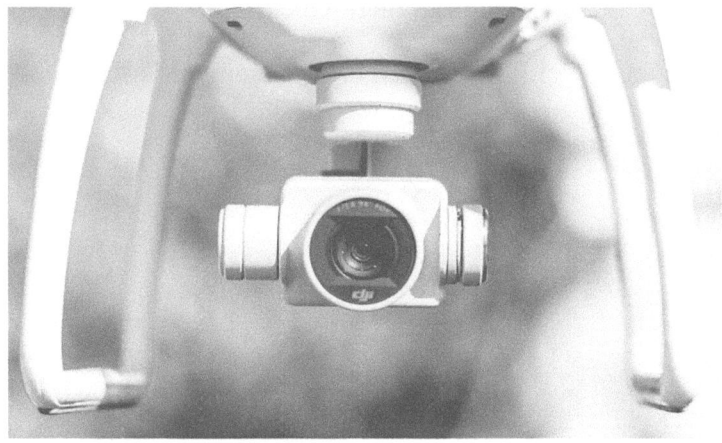

Photo: Pexels

Wie Ulli mir nach unserer Rückkehr aufgeregt erzählte, verfolgte ihn über die gesamte Zeit seines Aufenthalts in Rom eine *fast* unsichtbare Kamera, die permanent Bilder für die Ewigkeit speicherte:

Roma: Città Eterna – Rom: Die **Ewige Stadt**

1001 Nacht unterhalb der Weinberge

– ein Märchen wird wahr –

Jeff, zwei Philosophen und das junge Mädchen

Foto: Alois Wonaschuetz

Auch gestern führte mich mein sonnenüberfluteter Weg
direkt hinein in ein weitläufiges Erholungsgebiet nahe
unserer Stadt, als sich direkt vor meinen Augen
eine Art von Sommer-Theater-Bühne öffnete, deren
Hauptdarsteller nicht hätten verschiedener sein können:
Während sich links von mir zwei gelehrte Herren
bemühten, das alte Griechenland zu erklären, saß halb
rechts, sommerlich-bezaubernd gekleidet und tief in ein
dickes Buch versunken, ein Schulmädchen auf einem
Holzleiterwagen aus der guten alten Zeit.

photo: pezibear
Unser charmantes, Literatur interessiertes Schulmädchen.

Als ich dann vis-à-vis dieser Dreiergruppe stand, fühlte ich schon, dass sich hier etwas Besonderes anbahnte.

Ohne zu zögern, zog ich mein Büchlein aus meinem mittelgroßen Beutel, um es in der nächsten Sekunde den zwei älteren Herren – quasi in Augenhöhe – mit smarten Begrüßungsworten zu präsentieren:

„Einen schönen Tag die Herren – entschuldigen Sie bitte, aber der Schelm in mir hat mich mal wieder aufgesucht, um mich selbst zu befragen wie es denn wäre, wenn ich den zwei die Sonne genießenden Philosophen mein erstes, selbst geschriebenes Büchlein – *Jeff Parc auf dem Weg nach Italien* – präsentierte?"

In diesem Moment spürte ich, dass das junge Mädchen, gerade mal zwei Meter entfernt von uns Männern und tief versunken in ihrem Buch, spontan ihren Kopf zur Seite neigte, um mich und meine gerade begonnene Erzählung erst mal nur hellwach zu registrieren.

Ich dachte, das lag einzig an dem ja auch wirklich nicht alltäglichen Titel meines Buches – okay, jedenfalls war ich in der nächsten Sekunde schon wieder bereit, die Frage des auf der Bank links sitzenden Herren – „Sie sind wohl ein Schauspieler" – aufzunehmen, da sie mir den Weg ebnete, geschmeidig zu einer bestimmt einstündigen Reise in die oftmals absurde Märchenwelt meines ganz persönlichen Schauspielerdaseins auszuholen.

Im Stile der von mir geliebten *Commedia dell'Arte* fabulierte ich fortan geschmeidig gestikulierend über vieles, was auch nur annähernd mit meinen realitäts- nahen und auch fernen *Schauspieler-Märchen aus 1001 Nacht* in Verbindung gebracht werden konnte.

Die Art meiner Erzählung löste bei dem jungen Mädchen auf dem Holzleiterwagen irgendetwas aus, was sie zu einem Schritt verleitete, den keiner der Beteiligten je hätte voraussehen können.

Ganz plötzlich, ohne dass es einer von uns überhaupt mitbekam, stand sie hinter einem der beiden auf der Bank sitzenden Philosophen, umfasste dessen Kopf und Augen und fragte beide mit einer Stimme, die mir in ihrer melodiösen Art bisher noch nirgendwo anders begegnet war:

„Bitte, liebe Freunde, erlaubt mir, mich zu euch zu setzen und eintauchen zu dürfen in die mich verzückende Märchenwelt dieses charmanten jungen Schauspielers.

Denn geträumt habe ich schon des Öfteren von Situationen, die mich in die Nähe junger Schriftsteller versetzten, um ein wenig von deren Geist dorthin entführen zu können, wo meine eigene, nur mir gehörende Märchenwelt ihren Anfang nehmen wird."

Der linkssitzende der beiden Philosophen – sie sahen wirklich aus wie Denker und waren auch welche, wie es sich im Laufe unserer gemeinsamen Stunde herausstellte – nahm die Hände des Mädchens vorsichtig von seinem Gesicht, streichelte ihr sanft über die eine Wange und sagte:

„Ich bewundere deinen Mut und Charme, bitte setz dich zu uns, denn du hast die Ketten der heutigen, allgegenwärtigen Angst durchbrochen und damit erreicht, dass wir *vier* hier in diesem beeindruckenden Moment eine reale Einheit bilden – und dich, verehrter Jeff, bitte ich, fahre fort, uns in die Welt deiner oftmals auch surrealen Fantasien zu entführen, die so lässig des Weges kommen, wie sie mir vorher noch nie begegneten.“

Direkt nach Ende meiner Reise in *Jeff Parcs* Märchenwelt erwähnte der links auf der Bank sitzende Philosoph: „Sie beeindrucken mich sehr, lieber Jeff Parc – bitte denken Sie ernsthaft und zeitnah darüber nach, ob es Möglichkeiten gibt, ihr wirklich herausragendes Erzähltalent ihrer Nation nahezubringen.“

Der mir bis zu dieser Stunde unbekannte, ältere Herr ermunterte mich, die in meinem Kopf *herumirrenden Autorenlesungen* seriöser anzupacken!

Ich dankte ihm von Herzen, verneigte mich noch vor meinen drei Literaturfreunden und sagte in Richtung des jungen Mädchens:

„Auch du hast mir eine große Freude bereitet, meinen abenteuerlichen Geschichten mehr als eine volle Stunde zu lauschen – ich wünsche dir und meinen zwei verehrten Freunden alles Liebe dieser Welt und seid umarmt mit einem italienischen ‚Ciao' von einem, der auszog, um dort zu kommunizieren, wo es heutzutage noch möglich ist."

Mit Freude im Herzen war ich im Begriff, meine Reise fortzusetzen, als mich die wohlklingende Stimme des Schulmädchens – voller *schriftstellerischer* Sehnsucht – abrupt stoppte und ich ihren Worten fasziniert lauschte: „Dürfte ich dich noch ein paar Meter begleiten, denn mein größter Wunsch, seit ich zur Schule gehe, ist, eine Schriftstellerin zu werden, um andere Menschen so verzaubern zu können – wie du uns drei gerade eben verzaubert hast?"

Viele Jahre zogen daraufhin ins Land, bis ich eines Tages meine Lieblingsbuchhandlung besuchte, um für eine Freundin meiner Frau *Henri Alain-Fourniers* Roman „Der große Meaulnes" in Französisch zu bestellen.

Ich befand mich gerade mitten im Gespräch mit der Besitzerin des uralten Ladens, Frau Rosenthal, die noch gar nicht wusste, dass ich vor Jahren schon meine Filmschauspielerkarriere an den Nagel gehängt hatte, als mich eine vielleicht zwanzigjährige, äußerst aparte junge Dame mit den Worten ansprach:

„Erschrick bitte nicht, liebster Jeff, ich bin's nur, die *Adrienne* vom Leiterwagen unterhalb der uralten Weinberge: Du erinnerst dich vielleicht noch an das damals ganz junge Schulmädchen, das davon träumte, einmal eine bekannte Schriftstellerin zu werden?"

Adrienne im Laden von Frau Rosenthal.

photo: Daria Shevtsova

Jeffs überraschter Blick traf auf hellgrüne Augen, die ihm erzählten, dass aus dem jungen Schulmädchen eine Schriftstellerin geworden ist – als *Adrienne* ihre Rede wieder aufnahm:

„Ich vergesse nie, wie du die zwei Philosophen und mich mit deinen Erzählungen aus *1001 Nacht* in eine Welt entführtest, die mir auch nur annähernd ähnlich seitdem nie wieder begegnete."

Während sie so sprach, erschienen Jeff traumhaft sommerliche Bilder von ihrem epochalen Treffen in den

Weinbergen, die erfrischender und bewegender nicht hätten sein können.

Spontan nahm ich die junge Frau in meine Arme, hauchte Küsse auf ihre Wangen und stellte sie Frau Rosenthal vor.

Adrienne nahm ihre ja gerade erst begonnene Rede wieder auf und sprach weiter in Richtung Frau Rosenthal: „Durch diesen *Jeff* bin ich zum wohl schönsten Beruf dieser Welt gekommen, der Schriftstellerei."

Frau Rosenthal schaute amüsant lächelnd diese äußerst temperamentvolle junge Dame an und sagte: „Da waren Sie aber noch sehr jung – und erkannten bemerkenswert zielbewusst, dass da einer plaudert, dem man sehr gerne zuhört: mein Kompliment!"

Frau Rosenthal hatte ihren Satz kaum beendet, Adrienne bedankte sich bei der älteren Dame, um mich dann unverhofft und erneut stürmisch zu umarmen und mir für diese eine, entscheidende Stunde in ihrem Leben vor einem Jahrzehnt noch mal leidenschaftlich zu danken.

Dann folgte ein bestimmt fünfminütiger Monolog von bemerkenswerter Offenheit und Direktheit, der Frau Rosenthal und mich sehr beeindruckte.

Wir erfuhren, dass Adrienne inzwischen schon drei Bücher im Stil von und frei nach *Henri Alain-Fourniers* „Der große Meaulnes" herausbrachte – mit großem Erfolg beim Publikum.

Ihr Thema war durchgehend eine kurzzeitig erfüllte, doch immer gescheiterte Liebe.

Danach erzählte ich Frau Rosenthal weitere Details unserer surrealen Geschichte, die sich vor über zehn Jahren unterhalb der uralten Weinberge abspielte.

Da wir drei uns unbedingt wiedersehen wollten, Frau Rosenthal, Adrienne und Jeff, schlug Adrienne einen Ort vor, der ihr seit zwei Jahren alles bedeutete:

Es war ein italienisches Ristorante in Amsterdam, in dem ihr Verlobter, ein noch junger, äußerst charmanter italienischer Kellner, arbeitete.

Beide liebten ihren Traum, in wenigen Jahren das Ristorante von Camelos Vater in Venedig übernehmen zu dürfen.

Photo: Dylan Freedom

Venice – city of my dreams since my teenage years

Der Müßiggang – eine Reflexion

Photo: Max Böhme – Venice, Italy

Müßiggang – inzwischen ein Zauberwort: Viele reden darüber, wenige leben ihn.

Nur Tage nach Fertigstellung meines Buches sitze ich mit einem Freund in dessen Garten in einem kleinen Ort in der Schweiz namens *Etoy* und entdecke dort in einer seiner Lieblingszeitschriften eine feine Betrachtung über den Müßiggang:

warum gelegentliches Nichtstun hohe Kunst ist.

Müßiggang ist oft der Ursprung guter Gedanken und großartiger Ideen. Uns, den Heutemenschen, hat man diese wunderbare Fähigkeit leider mit dem Hinweis

249

ausgeredet, dass Untätigkeit etwas ganz Schlimmes sei. Aufgeschreckt durch solch peinliche Aussagen, haben Menschen im Laufe der Zeit die hohe Kunst des Müßiggangs komplett verloren. Man hat die Menschheit rund um den Globus in weltweit geschickt aufgestellte Hamsterradfallen gelockt und ihr mitgeteilt:

„Schuftet alle nur den ganzen, langen Tag, denn dann könnt ihr am Ende des Tages auch noch stolz auf euch sein, im großen Hamsterrad der Zeitgeschichte die Bodenhaftung trotz zunehmenden Tempos nicht verloren zu haben."

Gratulation! Aber dumm gelaufen!

Mir verschlug es die Sprache, denn ich hatte das Wort „Müßiggang" schon Jahre nicht mehr gehört!

Erleichtert, dass das Wort überhaupt noch existiert, ging ich ins Haus, machte mir einen doppelten Espresso und gedachte all meiner römischen Tage, die dem Müßig-Gang seine Zeit gaben.

Albert Einstein – Zitat

https://de.vecteezy.com – free vector image

„Realität

ist

nur

eine

Illusion"

Aus der Welt des Films

Paris

L'Arc de Triomphe de l'Etoile, Paris, France – Photo: Veit Hammer

Wir befinden uns in Paris am Abend einer Uraufführung eines wichtigen Filmes, als ein bedeutender Literaturagent und seine Gattin sehen, dass ein *anderer*, sehr bekannter Regisseur nach der Vorstellung *weint*!

Dieser Literaturagent, spezialisiert auf Filmrechte, fragt seine Frau, ob sie sich vorstellen könne, warum dieser Regisseur weint?

Seine Frau sagt, nicht wirklich!

Darauf entgegnet ihr Mann: Weil nicht *er* der Regisseur dieses Filmes ist!

Clker-Free-Vector-Images

https://de.vecteezy.com – free vector image

Nyon am Genfer See

Photo: herverio (Rio de Janeiro/Brazil) – Nyon: Blick auf den
Genfer See.

Ein Zoomobjektiv – oder kurz „Zoom" – ist ein Objek-
tiv mit variabler Brennweite.
Ich traf in privater Mission einen Freund in Nyon, der
lange *Kameramann* war.
Was *Henri Georges* mir dort bei 'nem Mittagessen
erzählte, ließ mich (fast!) nicht mehr aufhören zu lachen:
Was war geschehen?

Henri Georges: „Stell dir vor, die Kameraleute des
Fernsehsenders ‚Z' benutzten sehr lange den ZOOM nur

dazu, sich einem Objekt zu nähern oder sich von ihm zu entfernen.

Langweilte sich der Kameramann, weil er zu weit vom Objekt entfernt war, zoomte er es heran – und wenn er dann nahe dran war, fragte er sich *warum* – und zoomte es wieder weg!

Sein Problem bestand einzig und allein darin: Wie schlage ich am angenehmsten und spielerischsten meine Zeit tot."

Clker-Free-Vector-Images

Zitat:
Elias Canetti

– Nobelpreis Literatur –

„Es gibt keine größere Illusion als die Meinung,
Sprache sei ein Mittel der Kommunikation zwischen
den Menschen."

the end

R.V. (Rechte vorbehalten)

Trotz all meiner Bemühungen war es vielleicht bei einigen Abbildungen (Fotos) mir nicht möglich, die jeweiligen Fotografen oder die Halter der Rechte ausfindig zu machen, um von ihnen die jeweilige Erlaubnis zum Abdruck in diesem Buch einholen zu können. Berechtigte Ansprüche werden selbstverständlich jederzeit abgegolten.

Rights Reserved

In English: In spite of all my efforts it was perhaps not possible for me to find the photographers or the holders of the rights for some illustrations (photos), in order to be able to obtain from them the respective permission to the casting in this book. Any justified claims will, of course, be settled at any time.